U0153533

圖解

梁光耀 著

前言

　　倫理學是哲學的一個分支,是一門研究道德的學問,又名道德哲學。倫理學皆在說明道德的價值和意義,找出道德規則背後的理據。在所有哲學的分支當中,倫理學跟我們的日常生活的關係最為密切,因為我們總不免要作道德的判斷。雖然有人會說道德不切實際,無需理會,但其實是口是心非,因為當別人損害他的利益時,他就不會認為道德沒有價值。

　　倫理學分為三大部門,分別是規範倫理學、後設倫理學和應用倫理學。規範倫理學是倫理學的主體,它主張我們應該做什麼和不應該做什麼,並為行為對錯提供理據,目的是指導我們的行為。後設倫理學並不提出應該做什麼和不應做什麼的主張,它的研究對象是「道德」本身,例如檢視道德理論背後的預設,分析道德語句的性質,釐清基本道德概念的意思。至於應用倫理學,處理的是一些具體的道德問題,如「應否廢除死刑?」

　　本書也分為四個部分,第一部分是道德思考,主要探討一些基本的道德主張如相對主義、主觀主義、客觀主義等;分析一些重要的概念如善惡、對錯、價值、德性、目的和動機等;及剖析道德思考時常犯的謬誤。第二部分是道德理論,主要討論哲學家對道德的具體主張,有古代的思想家如柏拉圖、亞里斯多德、孔子、老子和墨子等,也有現代思想如功利主義、自由主義和康德倫理學等,亦有當代哲學如存在主義和實用主義。第三部分是道德問題,隨著科技的進步,我們要面對的道德問題也越來越多,如安樂死、人工生殖、基因改造和複製人等等,也會討論一些涉及全球的道德問題,如保護環境、動物權利和貧窮等,當然也少不了古老的道德問題如自殺、死刑和戰爭。道德理論和道德問題正好對應著規範倫理學和應用倫理學,至於道德思考,部分內容也涉及後設倫理學。第四部分,會討論其他跟道德有關的課題,例如宗教、法律、醫療、科學、商業、傳媒等等。

梁光耀

本書目錄

前言

第 3 章 道德問題

本書目錄

第 **4** 章　道德與其他

結語：美好人生

第1章 道德思考

● 章節體系架構 ▼

UNIT 1-1
道德相對主義

圖解倫理學

受後現代思想的影響，加上墮胎、安樂死和同性戀等議題經多年討論還未有定案，令道德相對主義又再流行起來。

道德相對主義有不同的版本，常見的一種稱為文化相對主義，道德只是文化的產物，不同文化有著不同的道德規範或價值，所以道德只有相對性，沒有普遍性。例如，古希臘社會認為奴隸制度是對的，但現代社會卻認為是錯的；基督教文化認為同性戀不道德，但傳統中國文化並沒有排斥同性戀；漢族認為土葬是對的，但西藏人卻認為天葬才是對的；食人族認為殺人來吃並沒有不妥，我們卻認為是極之不道德。像這樣的例子還有很多，但是否足以證明道德相對主義是正確呢？

道德相對主義的論旨是沒有普遍的道德價值或規範，那麼我們至少找到一個有普遍性的道德價值或規範，就可推翻道德相對主義。事實上，在不同文化或社會都可以找到相同的道德價值，例如：殺人和偷竊是錯誤的，誠實和守信是對的。即使是盜賊，也不會認為偷竊是對的，因為他也不願意自己的財物被盜，在盜賊集團內，同樣不會容許偷竊這種行為。社會之所以能夠存在，成員必須遵守某些規則，所以，一定存在具普遍性的道德規範。即使是食人族，也不會殺死自己的同胞來吃，否則的話，食人族早就滅亡了。

即使不同文化或社會有著不同的道德規範，但這只是事實的描述，並不表示這些道德規範都是正確的。例如，我們的社會認為「殺人來吃」是不道德的行為，而食人族的社會卻認為「殺人來吃」沒有違反道德；但真相卻是「殺人來吃」根本就是不道德，只不過是食人族的社會判斷錯誤。況且，這些不同的道德規範，有很多只是表面上的差異，背後其實有著相同的道德價值。例如，傳統漢族認為土葬才合乎道德，背後的根據是入土為安，那是愛的表現；西藏人卻認為天葬才是對的，因為他們相信這樣可以令死者的靈魂升天，也同樣是愛的表現。這些差異只是由於信仰、生活環境和歷史等因素所造成。

如果道德相對主義成立，道德判斷只是相對於某個文化或社會才有真假可言；那麼我們根本不可以批評其他文化或社會的道德觀。例如，納粹黨當權的德國就認為屠殺猶太人是對的，難道我們就不可批評它是錯誤嗎？不但不可以批評別國文化的價值觀，就連自己的文化也不可以批評，如過去中國傳統的吃人禮教和壓迫女性的道德規範，那豈非荒謬嗎？社會或文化之所以能夠進步和更新，其中一個原因就在於不斷批評舊有不合理的價值。

道德相對主義者喜歡說：「價值判斷是相對的，所以不應將自己的價值觀強加於人！」以顯示自己的公正和開放態度；但其實這種說法正是自我推翻，犯了不一致的謬誤，因為「不應將自己的價值觀強加於人！」這句話本身也是一個價值判斷。很多人只是表面上接受道德相對主義，當別人批評他錯誤的時候，就以「道德是相對」來推卸責任；但當別人傷害他的利益時，他就不會認為道德真的是相對的了。

道德相對主義、主觀主義與客觀主義

```
                        對立
相對主義 ◄──────────────────────────► 客觀主義
極   （道德價值沒有普遍性）              （有普遍性的道德價值）
端
化
↓
主觀主義 （道德價值是相對於個人而言）
```

反駁文化相對主義的理由

```
不同文化或社會存在相          不同道德規範只是事實的描
同的道德價值或規範            述，並不表示它們一定正確
              反駁文
              化相對
              主義
不同道德規範背後有著          批評不合理的道德規範，社
相同的道德價值                會和文化才得以進步
```

★古代的相對主義者

相對主義自古有之，古希臘的辯士就是早期的相對主義者，以教授辯論術為生，他們認為並不存在客觀的真理，辯論純以取勝為目標，那自然少不了詭辯。無獨有偶，中國古代的名家，亦以詭辯見稱，而名家的始祖鄧析，也是以教授辯論術為生，他最出名的辯論術就是「兩可之辭」。「兩可」的意思就是兩邊都可以，例如：他幫主犯打官司，就會說主犯沒有親手作案，所以無罪；幫從犯打官司，卻說從犯只是被指使而作案，所以無罪，這其實是犯了雙重標準的謬誤。由此可見，相對主義者多是詭辯者。

UNIT 1-2
道德主觀主義

圖解倫理學

道德主觀主義其實是一種極端的相對主義，比文化相對主義更嚴重，因為文化相對主義尚承認在一定的範圍內，道德是有普遍性的，大家必須遵守。但如果道德真的是主觀，人人都有自己的標準，其混亂可以想像，社會秩序也難以確立。

道德主觀主義有兩個不同的版本。第一種道德主觀主義認為道德只是個人的喜好，就像吃東西一樣，有人喜歡吃魚，有人喜歡吃雞，根本就沒有對錯可言。當一個人說：「墮胎是不道德的」，只不過表示他不喜歡墮胎。要反駁這種道德主觀主義不難，我們可以先假定它成立，然後推論出自相矛盾，就可反證它不成立。如果道德只是個人的意見，則每個人的道德判斷都是真的（假設大家都是真誠地報告自己感受）；如果每個人的道德判斷都是真的話，就不可能存在道德的爭論，正如有人喜歡吃魚，有人不喜歡吃魚，兩者之間是沒有爭論可言；但事實上存在著道德的爭論，所以道德判斷就不只是個人的意見。還有，如果每一個道德判斷都是真的話，人根本不可能犯錯，但事實上人是會犯錯的。例如，我以前認為不守時沒有問題，但現在發現這是不對的，即表示我以前的判斷錯誤。

第二種道德主觀主義認為道德語句不是判斷，它只是用來抒發情感，根本沒有真假可言。例如我說：「殺人是錯的」，這句話只抒發出我對殺人這種行為的厭惡；又例如我說：「誠實是對的」，也只抒發出我對誠實這種行為的喜愛，這種道德主觀主義稱為情緒主義。最早提出道德判斷的基礎在於情感

的是休姆，但休姆並不是道德主觀主義者。後來這種觀點影響了邏輯實證論，產生出道德語句是用來抒發情感的情緒主義。根據情緒主義，道德語句除了抒發情感之外，另一個功能就是影響別人的行為，說「殺人是錯的」就是要勸阻別人做出殺人的行為；說「誠實是對的」，則是想他人做出說真話的行為。

或許道德語句具有抒發情感和影響他人的功能，但由此並不能證明道德語句沒有認知功能。我們可將具有真假可言的語句稱為有認知功能，而具有諸如抒發情感和影響他人的功能稱為非認知功能，認知功能和非認知功能並不排斥。換言之，同一句話可以具有這兩種功能，如「朱門酒肉臭，路有凍死骨」這句話，既是事實判斷，有認知功能，也抒發情感，有非認知功能。

另外，情緒主義似乎認為我們先有情感，才用道德語句來抒發情感；但真相卻是先有道德判斷，才有情感的抒發，例如：「納粹黨殺害猶太人是錯的」，不是我們先對這個行為有厭惡的情緒，然後才說這句話，而是因為這個判斷是真，才會引起我們的情緒反應。只不過道德判斷的真假既不像分析判斷，僅單憑分析其意義就可知道，也不像事實判斷，可以訴諸經驗證據，道德判斷是要提出理由來支持或反駁，如「墮胎是不道德」這句話，必須提出理由來證明。

兩種道德主觀主義

第一種道德主觀主義	第二種道德主觀主義
道德只是個人的意見	道德語句只是用來抒發情感
大眾化的看法	學術性的觀點
道德語句有真假可言	道德語句沒有真假可言

道德判斷的理據

道德判斷要訴諸理據，我們又可追問理據的理據，但這個過程不可以無窮倒退，所以我們必須有基本的肯定。

殺張三是不道德的
↑
殺人是不道德的
↑
人有生存權利
↑
保障人的尊嚴

殺人→不道德

殺張三→不道德

張三

知識補充站 ★道德主觀主義流行的原因

雖然道德主觀主義不成立，但這種思想還是很流行，究其原因（原因跟理由不同），我認為有兩個，一個是思想性的，另一個是心理方面。思想方面，由於很多道德爭論都沒有客觀的答案，於是推論出道德判斷都是主觀的，其實這是錯誤的推論，犯的是非黑即白的謬誤（見「非黑即白的謬誤」那一篇）。至於心理原因，就是想擺脫道德的束縛，某個意義之下，道德是一種規範，限制著我們的行為，很多人視之為枷鎖。我認為束縛只可指稱不合理的規範，要區分合理和不合理，靠的正是道德的反省。

UNIT 1-3
道德客觀主義

圖解倫理學

如果道德不是主觀，也不是相對；那麼，道德就一定是客觀的嗎？這就要視乎客觀是什麼意思，若是指存在普遍道德原則或價值的話，例如：仁愛、正義和人權等，道德當然是客觀的；但若是指存在終極或絕對的道德原則，那道德就不一定是客觀。後者是一種極端的客觀主義，例如：功利主義和康德倫理學，可稱爲道德絕對主義。

絕對主義的危險在於將某種道德價值絕對化，舉例，「殺人是錯的」雖然有普遍性，但其實也有例外，比如說自衛殺人，絕對化的意思就是將它看成毫無例外。認爲道德是客觀的人，很容易就將自己文化的價值觀視爲絕對，並用來批評別的文化，但其實自己的價值觀可能是錯的，即使不是錯的，也未必是絕對。絕對主義跟建制的力量結合在一起，強迫大家服從的話，就有可能造成禍害。例如，儒家思想在漢代被定爲一尊之後，就變得專制和封閉，忠、孝、貞節等價值絕對化的後果是吃人禮教，如用保存貞節去殺害婦女，即所謂以理殺人，由客觀的道德價值，演變爲禍害人間的絕對主義，實不可不防。又如恐怖主義分子發動聖戰，用自殺式襲擊殺害無辜的生命，也正是將其宗教價值絕對化的惡果。

我認爲道德價值或原則是多元的，可稱爲道德多元主義。所以即使道德是客觀，也不表示不存在道德的爭論，又或者道德的爭論必然能夠得到妥善的解決，其實很多道德的爭論都是道德價值之間的衝突。道德多元主義一方面肯定道德的普遍性，另一方面則承認道德價值的多元性，我們可以從社會和個人的層面去解釋道德的普遍性。首先，從社會秩序來講，如果沒有「不可殺人」、「不可偷竊」、「守承諾」等道德規範，社會根本不可能存在，由此可見，這些道德規範有普遍性，但不是絕對。如果從理想社會方面講，公正是不可缺少的，人權也是一樣，試想那些人權被踐踏的社會，也不配叫做理想的社會，因爲人的尊嚴得不到保障。

從個人的層面來講，當我們稱讚人的時候，會用公正、誠實、仁慈、勇敢、慷慨等等的字眼；但當我們批評人的時候，就會用自私、懦弱、陰險、揮霍、殘暴等等的用詞。我們不會用慷慨來批評人，也不會用揮霍來稱讚人。由此可見，公正、誠實、仁慈、勇敢、慷慨都是人的好品質，而自私、懦弱、陰險、揮霍、殘暴等則是人的壞品質。這些好的品質就是「德性」，也有其普遍性。

無論就原則、規範或德性方面，道德都有其普遍性。不過，規範是有限制性的，原則上人必須遵守。但德性就不同，由於每個人的背景、性情、能力和興趣都不同，所追求的人生目標亦不同，究竟哪種德性才適合自己，個人就有很大的選擇空間。要成爲一個成功的運動員，跟成爲一個傑出的藝術家，需要的可能是不同品德的組合。但無論要達成何種人生目標，某些德性是共通的，例如：勤奮、勇敢、智慧、忍耐、克制等。

道德客觀主義

客觀主義

多元主義：
存在多種具普遍性的道德價值

極端化

絕對主義：
存在終極或絕對的道德價值

客觀的道德價值

原則 ➡ 仁愛、正義、效益、人權等

規範 ➡ 不可殺人、不可偷竊、守承諾等

德性 ➡ 誠實、忍耐、克制、勇敢、慷慨等

 ★尼采的批評

尼采對道德的批評，其中一點就是著眼於道德的普遍性。他認為每個人性格和能力都有差異，強迫每個人都接受同一套道德觀，就會壓制人性，扼殺人的創造性。我認為尼采將規範和品德混為一談，而尼采否定道德的普遍性，也很容易墜入相對主義的窠臼，無助於解決道德的紛爭。

道德普遍性

UNIT 1-4
黃金律

認為道德是客觀的人，總喜歡用「黃金律」來證明，的確，基督教、猶太教、佛教和儒家等不同文化都有這樣差不多的道德原則。「黃金律」這個名稱來自基督教，聖經說：「你想別人怎樣待你，你就應這樣待人」。例如，自己想得到別人的幫助，也應該幫助別人。而儒家的版本就是孔子講的「己所不欲，勿施於人」，意思是不想別人怎樣對待自己，也不應這樣待人。例如，自己不想被人傷害，也不應該傷害別人。但有人認為聖經的黃金律比儒家所講的還要優勝，因為前者有更積極的意義。我認為這是誤解，是被文字的表面意義騙了，其實兩者可表達相同的內容：「你不想別人欺騙你，你也不應欺騙人」（己所不欲，勿施於人），「你想別人不欺騙你，你也應不欺騙人」（聖經黃金律）。

雖然儒家強調的是培養品德，並不太注重普遍的道德法則，但其實「己所不欲，勿施於人」正是儒家的普遍道德原則，而黃金律不但可以說明具體的道德規則，也能解釋道德規則的普遍性。道德規則之所以為規則，就是具有普遍性，放之四海皆準，例如：「不可殺人」，在類似的情況下，任何人都不應殺人。普遍性也就是理性的要求，如果我說：「你應該公正待人」，我也應該公正待人，如果我認為我可以不公正待人的話，這就是不一致、違反理性，黃金律正反映出理性的要求。

不過，康德卻批評黃金律沒有普遍性；然而，我認為康德的定言律令也包含黃金律的成分，那就是定言律令中的普遍定律。根據普遍定律，要判斷一個行為是否成為我們的義務，就要看它可否普遍化，所謂普遍化的意思是「你願意這個行為是所有人都能夠遵守，並且沒有產生矛盾」。一般道德規則如「不可偷竊」、「不可說謊」和「遵守承諾」等都可以普遍化，即使小偷，也不會真的認為「偷竊是對的」，因為他也不願意自己的東西被人偷走。如果不可以普遍化的話，我們就有義務不做，例如：「因自私而拒絕幫助有需要的人」，這個行為可否通過普遍化的測試呢？答案是否定的，因為我們有需要的時候，也希望別人幫忙，所以不會願意這個行為普遍化，為天下人所效法，如此我們就有義務幫助有需要的人。因此，我認為康德的普遍定律，不過是黃金律一個更嚴謹或學術性的表達。

有人批評黃金律的普遍性和應用性，例如：「我不喜歡讀書，所以我也不應強迫我的孩子上學」，「我從被虐待得到快感，所以我也應虐待你」，像這樣的批評是誤解了黃金律。雖然黃金律是道德原則，但並不是唯一的道德原則，我們還有獨立於黃金律之外的道德價值。而且，黃金律背後的精神是尊重人，設身處地為人著想，雖然我和孩子都不喜歡讀書，但也不應讓孩子不上學，因為讓孩子上學是為他好。即使我從被虐待得到快感，但你不一定也從被虐待得到快感。

黃金律不但具普遍意義，更讓人易於理解和接受，根據我的經驗，小孩子搶了別人的玩具，用黃金律教導他是很有效的，比如說：「你不想你心愛的玩具給搶走，所以你也不應該搶他人的玩具」。

黃金律的不同表述

基督教，《聖經》	你想別人怎樣待你，你就應這樣待人
儒家，《論語》	己所不欲，勿施於人
猶太教，《塔木經》	自己所憎惡之事，不可加諸於人
佛教，《增一阿含經》	凡於自己不愛不快之法，於他亦為不愛不快之法，然則我緣何得以自己不愛不快之法，而緊縛他人哉

黃金律與不傷害原則

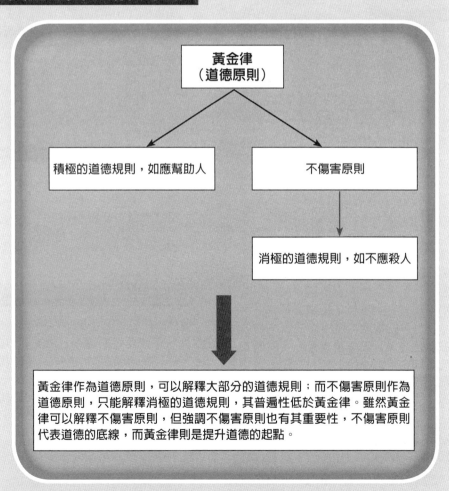

黃金律作為道德原則，可以解釋大部分的道德規則；而不傷害原則作為道德原則，只能解釋消極的道德規則，其普遍性低於黃金律。雖然黃金律可以解釋不傷害原則，但強調不傷害原則也有其重要性，不傷害原則代表道德的底線，而黃金律則是提升道德的起點。

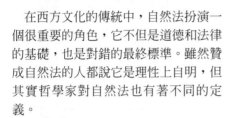

UNIT 1-5
自然法

　　在西方文化的傳統中，自然法扮演一個很重要的角色，它不但是道德和法律的基礎，也是對錯的最終標準。雖然贊成自然法的人都說它是理性上自明，但其實哲學家對自然法也有著不同的定義。

　　自然法作為道德的根據可以說是源於亞里斯多德，亞里斯多德認為這個宇宙的秩序是建立在「目的」上，事物的目的就是它的功能，每一樣事物在這個秩序中皆有其功能。例如，為什麼會下雨呢？雨水的功能就是令植物生長，而植物是為了動物，動物則是為了人類。目的論不但說明了事物為何存在，也說明了事物的應有狀態，那就是實現其功能。而第一個提出自然法的哲學家是稍晚於亞里斯多德的芝諾，芝諾是斯多亞學派的創始人，這個學派延續了差不多六個世紀，是羅馬時代很重要的哲學思想。斯多亞學派認為，宇宙有一永恆之火推動萬物的運行，這是一個理性和道德性的秩序，人可以憑理性去認識和遵循，不論國家、文化、種族和性別，自然法都是一樣，所以道德也有著普遍的意義，斯多亞學派正是第一個主張國際主義的哲學思想。後來基督教引入了自然法的觀念，將上帝視為萬物的終極目的，自然法也就是上帝所頒布的法則、是道德的依據。神學家阿奎那認為，第一條自然法就是「行善去惡」。

　　根據自然法，當事物不能實現其目的時，即是不自然、違反理性的。若我們的行為不能實現其目的，那亦是不自然，即是不道德。舉例，阿奎那認為，性行為的目的是為了生殖，所以不但同性戀是不道德，連手淫和口交都是，因為這是違反自然，不能實現生殖的目的。現代仍有人用不自然來反對同性戀，但別忘記，根據這個標準，就連避孕也是不道德的。在「訴諸自然的謬誤」這一篇會討論這種錯誤的思維。

　　無論是否有宗教背景的自然法，哲學家都認為自然法是理性的；可是，哲學家對自然法的具體內容卻有不同的了解，如霍布斯所講的自然法就跟洛克有很大的分別。洛克的自然法是上帝頒布的法則，由此得出自然權利；而霍布斯的自然法則是人為了實現利益，運用理性訂出來的規則。直到十八世紀，休姆提出了實然和應然的區分，由「事實如此」是推論不出「應該如此」的，就以性交為例，雖然同性性交不可以帶來生殖，但不能由此推論出同性戀不道德。現代科學的出現，更令目的論的宇宙觀被機械式的宇宙觀所取代，在今天，自然法已失去了說服力，只有天主教的道德理論仍然是基於自然法。

小博士解說

　　雖然說自然法是可被理性了解的終極法則，但我認為它還有一個歷史的向度，隨著歷史的開展，這些法則才會顯露出來，讓我們有機會認識。例如：涉及未來宇宙時代的自然法，就尚未顯現。

目的論的宇宙觀

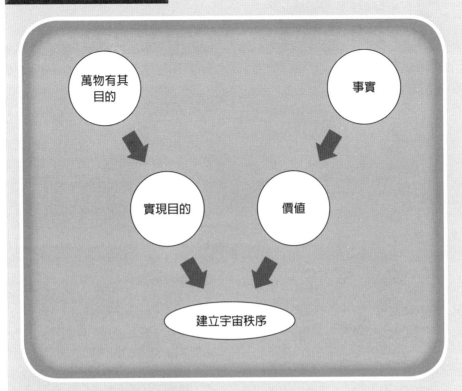

萬物有其目的

事實

實現目的

價值

建立宇宙秩序

自然法的不同版本

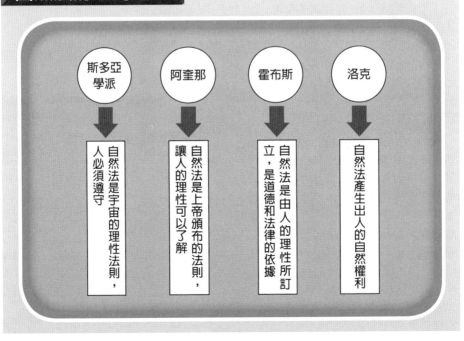

斯多亞學派

阿奎那

霍布斯

洛克

自然法是宇宙的理性法則，人必須遵守

自然法是上帝頒布的法則，讓人的理性可以了解

自然法是由人的理性所訂立，是道德和法律的依據

自然法產生出人的自然權利

UNIT 1-6
不傷害原則

圖解倫理學

究竟生命、自由和財產哪一個更為重要呢？相信大部分人都認為是生命，因為沒有生命，財產便沒有價值；沒有生命，自由也沒有意義。但對自由主義來說，自由卻比生命重要，正所謂「不自由，毋寧死」。雖然自由重要，但自由也不可以毫無限制，應該怎樣設限呢？正如彌爾所說，我們有自由做任何事，只要不傷害其他人。但不傷害什麼？當然包括生命（包含身體）、自由和財產。雖然我有言論自由，但不可以在人多擁擠的地方隨便叫「失火了」，因為會造成混亂，導致傷亡；雖然我有行動自由，但也不可以妨礙其他人的自由，所以隨便睡在馬路上也是不對的。

彌爾所主張的不傷害原則正是自由主義的基本道德原則，然而，不傷害原則只能說明那些消極的道德規則，如「不要殺人」、「不要傷害人」、「不要偷竊」和「不要欺騙」等，卻不能說明積極的道德規則，如「應幫助有需要的人」和「應遵守承諾」等。換言之，不傷害原則只能提供最低度的道德，就是道德的底線。當然，這並不否定人在道德上有進一步的提升。

彌爾認為不傷害原則是一個簡易的原則，不但易於理解，也易於遵守。可是，不傷害原則本身也有含糊不清的地方，不傷害也包括人的心靈和名譽嗎？例如：惡意詆毀一個人，傷害他的名譽；又例如：出賣朋友，令他心靈受創。此外，傷害自己的身體又如何呢？其中最有爭議性的就是國家安全，如美國經歷911恐怖襲擊之後，便以國家安全為由，限制了人民很多自由和權利。

還有，侮辱、騷擾及冒犯又如何呢？例如：用粗言穢語罵人，這種侮辱算不算是傷害呢？又如有人說話喜歡用三字經作助語詞，雖然不算是侮辱，但對聽者來說可能是冒犯。有些人心靈特別脆弱，只要聽到對他批評的話語，就會感到冒犯，所以，是否冒犯，很大程度取決於當事人的心態，主觀性較強。

不傷害原則作為道德的底線，也是法律的依據，但應該將它加以修改，除了他人的身體、財物和自由之外，也包含嚴重的冒犯行為，例如：侮辱和騷擾，當然，如何劃界就要視具體的情況。至於只是傷害或很有可能傷害自己的行為，又需不需要立例禁止呢？當然也要視乎具體的情況，考慮相關的因素，如法例規定乘坐某些車輛要繫安全帶，是為了保障乘客的生命，但同時也限制了乘客的人身自由。這種限制是合理的，因為根據過往經驗，若發生交通意外，未繫安全帶造成傷亡的機率很高，而繫安全帶所限制的自由很少且短暫，不會造成很大的不便。由此可見，為了個人利益，我們也需要限制個人的自由，特別是未成年的人，心智尚未成熟，未有自主的判斷能力，為了保障他們的利益，限制他們的自由也是合理的，例如：法例禁止與未成年者發生性關係，或者立法強迫兒童接受教育。

還有，很多表面上只造成個人傷害的行為，往往也會影響他人，甚至危害社會，如禁止酒後駕駛，不只是保障當事人安全，也包括其他道路使用者安全。又如禁止吸食毒品，亦不單是為了個人，而是考慮到對社會的影響。

不傷害原則

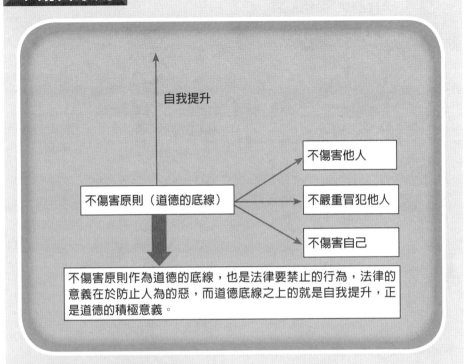

自我提升

不傷害原則（道德的底線）

不傷害他人

不嚴重冒犯他人

不傷害自己

不傷害原則作為道德的底線，也是法律要禁止的行為，法律的意義在於防止人為的惡，而道德底線之上的就是自我提升，正是道德的積極意義。

效益、自由、傷害

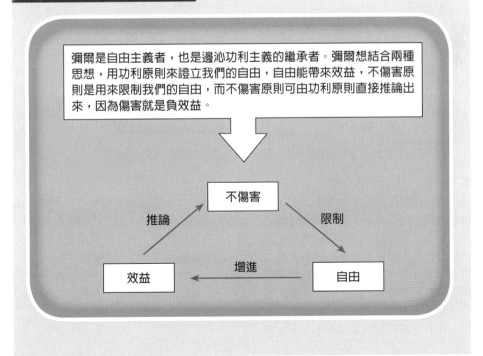

彌爾是自由主義者，也是邊沁功利主義的繼承者。彌爾想結合兩種思想，用功利原則來證立我們的自由，自由能帶來效益，不傷害原則是用來限制我們的自由，而不傷害原則可由功利原則直接推論出來，因為傷害就是負效益。

不傷害

推論

限制

效益

增進

自由

UNIT 1-7
命定與自由

圖解倫理學

命定論有不同的版本,大致可分為強弱兩種,強的命定論就是決定論,一切都是被決定的;弱的命定論只是說大方向是被決定的,或者人有所謂的命運,但並不是所有一切都是被決定的。跟道德最有關係的是前者。決定論認為一切事件都是被決定的,人根本沒有選擇的可能,自由意志只不過是幻象。如果人沒有自由意志的話,就不需要對我們的行為負道德的責任。

既肯定自由意志和決定論必然會產生矛盾,例如:古希臘的斯多亞學派認為宇宙所發生的一切事件,背後都是由一些不可變的法則所支配,人是沒有能力改變的,唯一可做的就是改變自己對世界的態度,接受一切都是被決定的事實。所以,斯多亞學派認為人生在世應該「順其自然」,只有這樣才不會被外物所牽引,因外物而憂慮,追求一種心靈平靜的精神生活。問題是,斯多亞學派既認為一切都是被決定,就應包括人對世界的態度,卻說人能改變自己對世界的態度,就是肯定人有自由意志。

決定論也有不同的版本,其中一個是上帝決定論,另一個是因果決定論。上帝決定論認為,上帝在創世的一刻,已經決定了一切,我們不過是照著上帝的劇本行事,所以耶穌受難是上帝的旨意,猶大出賣耶穌也是上帝的旨意,誰得救,誰不得救亦是上帝的旨意。因果決定論則認為,每一個事件(包括心靈事件)都是由之前的原因所導致,這些原因也是一連串的事件,又是被之前所出現的原因所導致,雖然我們未能說清楚這些原因是什麼,但根據這種想法,我們今天所做的,早在出生之前已

經決定了。但決定論的弔詭之處正在於,也可以說我們是被決定要對我們的行為負上道德的責任。由此可見,無論出現什麼情況,都可以用決定論來解釋,它根本不被任何可能的經驗證據所推翻。換言之,這是一個必然為真,卻缺乏經驗內容的空廢理論。

不接受因果決定論並不表示我們不可以接受因果律。首先,因果律只有概然性,並沒有決定論所講的必然性。而自由意志跟因果律也不一定有衝突,因為有些事是我們自己所決定的。例如,我要不要說實話?當然,我這個決定是受其他因素影響,但我還是有最後的決定權,我就是這個決定的原因。只要我的自由不受限制,而我又有能力做的話,我就能夠完成這件事,所以人必須要為自己的(自主性)行為負上責任。

人也有著先天和後天的條件或限制,例如:一個患有唐氏綜合式症的人,DNA中多了一條染色體,先天上的智能就受到很大的限制,即使後天再怎樣努力也很難跟正常人一樣。人雖然有著各種條件的限制,但世上的事物不是完全被決定的,人仍有選擇和努力的空間。重要的是,人有自由去追求自己的人生目標和意義。打個比喻,人生就像乘坐火車,火車的方向早已被決定,人力是沒法改變的,但在火車上做什麼則是自己可以決定的,人也必須對自己的決定負責任。

決定論與命定論

```
                    命定論（廣義）
                   /            \
                  /              \
        決定論                    命定論（狹義）
   所有事都是被決定的，個人是      人有自由去選擇和努
   否努力也是被決定的，人沒有      力，但有些事是命中注
   自由。                        定，非人力所為。
      /        \
     /          \
  上帝決定論      因果決定論
```

 ★儒家的義命分立

狹義命定論也有不同的版本，對於什麼事是被決定的有不同說法，例如：有些認為一個人的生死、富貴和姻緣等是被決定的，無論個人怎樣努力都無法改變。而儒家所講的「命定」則是指人經過努力之後的客觀限制，孔子主張「義命分立」，「義」是人的責任，「命」是客觀的限制，「義命分立」的意思就是人應該努力去完成自己的責任，但是否成功則受制於客觀條件，即使不成功，也不應該怨天尤人，只求盡力完成自己的責任。

UNIT 1-8
動機與後果

圖解倫理學

我們大部分的（有意識）行為都是有動機的，而行為又往往會產生某些後果。一般來說，我們評價一個人的行為會同時考慮其動機及後果，但通常傾向偏重於後果。例如，有人心地善良但做了壞事，我們仍然會加以譴責；有人無意中幫了自己，我們仍然會感謝他。不同階層亦有所偏重於動機或後果的差異，比如說小孩子做錯事，低下階層的父母多以後果的嚴重性施加懲罰，中上階層的父母則多會先了解孩子的動機。某個意義下，法例的制定及法官判案也是這種常識的反應，動機和後果都要考慮。例如，謀殺就比誤殺嚴重，雖然後果是一樣；謀殺也比意圖謀殺嚴重，雖然動機是一樣。

倫理學有兩個重要的道德理論，幾乎每一本倫理學的書都會介紹，一個是功利主義，另一個是康德倫理學，它們對道德的看法正是各執一端。功利主義只計算後果，不理會動機；康德則只看動機，忽略後果。為什麼功利主義不理會動機呢？因為他們相信人的動機都是好的，惡的出現只是出於無知，這其實是受蘇格拉底的主知思想影響。蘇格拉底認為沒有人自願犯錯，行惡只不過是缺乏善的知識。但問題是，惡也可能出於邪惡的動機，蘇格拉底和功利主義似乎對人性過分樂觀，不妨稱之為西方版的性善論。

至於康德，他認為如果道德是由行為的結果來判定，就會缺乏普遍性和必然性，道德只有出於善良的意志，才可確保它的普遍性和必然性，但什麼是善良的意志呢？就是出於履行責任的動機。換言之，只有出於履行責任動機的行為才是道德。可是，根據康德的標準，很多一般人認同的道德行為變得沒有道德價值，例如：出於令人快樂的動機去幫助人，雖然幫助人符合康德所講的義務，但由於不是出於履行責任的動機，所以並沒有道德價值（沒有道德價值並不等於不道德）。

如果說康德的問題是將道德定義得太窄，排斥了一些常識所認同的道德行為的話；那麼，功利主義的問題就是將道德定義得太寬，將一些非道德行為當成有道德價值。設想一個人像魯賓遜般流落荒島，而荒島上只有兩種食物，一種是魚，另一種是野雞，這個人喜歡吃魚，但不喜歡吃雞，若根據功利主義的標準，就會判斷這個人吃魚比吃雞更道德，因為這會帶給他更多的快樂。可是，我們會質疑這樣使用道德這個字詞，正如杜威所說：「當一個人的行為涉及品德或他人的時候，才有道德意義。」

康德的另一個問題是，當兩個義務出現衝突時，他不能告訴你哪一個較重要。例如，二次大戰的時候，納粹黨問你猶太人藏身在哪裡，你知道他們的下落，也知道他們一旦被納粹黨發現的後果，那你應該怎樣做呢？從康德的立場來看，你面對兩個義務之間的衝突，一個是「救人」，另一個是「講真話」。如果你要履行「講真話」的義務，就救不到人；但如果救人的話，就要說謊。從一般人的角度看，當然是救人比說真話重要，這正是兩害取其輕，也就是考慮後果的嚴重性。計算後果也有其問題，因為後果也會產生後果，如此類推，究竟要計算多長遠呢？通常後果越長遠就越難確定。

動機與後果

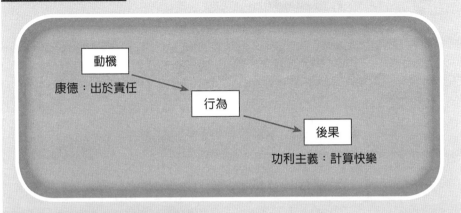

動機
康德：出於責任

→ 行為

→ 後果
功利主義：計算快樂

康德對行為的分類

行為	道德價值	例子
違反義務	不道德	不遵守承諾
符合義務，但不是出於責任的動機	沒有道德價值	為了得到人的信任而遵守承諾
出於責任的動機	道德	將遵守承諾當成義務

 ★蘇格拉底與後果論

蘇格拉底認為犯錯只是出於無知，他相信人的動機都是好的，只是不認識行為帶來的後果，才會做錯事，所以重要的是發展理性，認識後果。後果論成為了西方倫理學的主流，而道德就是帶來好的後果。不同的後果論正強調了不同的後果，有功利主義主張的最大多數人的快樂，也有最終是關心個利益的利己主義；有的強調自我實現，亦有的重視社會秩序。

UNIT 1-9
善惡與對錯

圖解倫理學

道德理論的其中一個主要功能就是判斷哪些行為是對的、哪些行為是錯的；但更重要的是解釋為什麼是對，及為什麼是錯。事實上，不同文化、不同時代，都有一些相同的道德規則，例如：「不可殺人」、「不可偷竊」、「守承諾」、「講真話」等等；不同的道德理論都會同意這些規則，差別只是規則背後的理據。除了對錯之外，道德理論也會說明什麼是善、什麼是惡；但善惡和對錯究竟有什麼關係呢？

在倫理學中，善惡和對錯是兩對很重要的概念，而不同的道德理論之所以不同，很大程度是決定於它們怎樣了解這兩對概念，及如何安排這兩對概念在理論中的關係。後果論（或目的論）就是先界定什麼是善和惡，帶來善的行為就是對，帶來惡的行為就是錯，理論上善惡先於對錯。例如，功利主義將善定義為快樂，所以帶來快樂的行為就是對，帶來痛苦的行為就是錯。相反地，義務論判定對錯的標準不是行為的目的或結果，換言之，對錯是先於善惡。例如，康德倫理學，認為一個對的行為就是出於責任的動機。

善惡至少有兩個不同的意思，一個是非道德的，善是指滿足我們的欲望，惡是指欲望得不到滿足，善就是正的價值，惡就是負的價值；另一個則具有道德意義，善就是道德上無瑕疵，惡就是道德上有瑕疵。我們可以想像，當一個人在孤島生活時，他的行為沒有所謂對錯，但仍有非道德的善惡可言；如果多一個人來到島上，兩個人的欲望就有可能出現衝突。例如，只有一個蘋果，但大家都想吃，滿足我的欲望就會損害你

的利益，反之亦然。這個時候我們就需要規則，如誰先發現，誰就擁有蘋果；又或者將蘋果平分，令大家可以和平共處，這些規則就是道德。從這個角度看，道德規則就是一種設計，用來增加大家的利益和減少彼此的衝突。換句話說，道德是一種發明和創造，道德也會不斷更新，因為有一些規則比另一些更能增長利益或減少衝突，加上環境會不斷改變，舊的規則可能不合事宜。

但如果道德只是一種增長利益的工具，那麼犧牲自己的利益去幫助他人豈不是本末倒置嗎？即使道德的出處是為了增長個人利益，但當道德出現之後，它就有著自己的特性和發展，用起源去規限它，犯的正是起源謬誤（見「起源謬誤」那一篇）。那麼，道德有什麼特性呢？我認為，道德能彰顯人的自主性，而且德性能令人得到幸福。但說德性能令人得到幸福，好像表示德性是一種工具，目的是得到幸福。不過，這種工具跟它的目的是不可分的，不是一般的工具價值，而是本身就有價值。打個比喻，藝術品能帶來審美經驗，而審美經驗具有內在價值，但藝術品不是純粹的工具，因為只有它能夠產生這種經驗，不可替代，所以藝術品本身就具有價值，這可稱為本身價值。

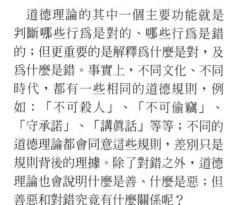

善惡與對錯

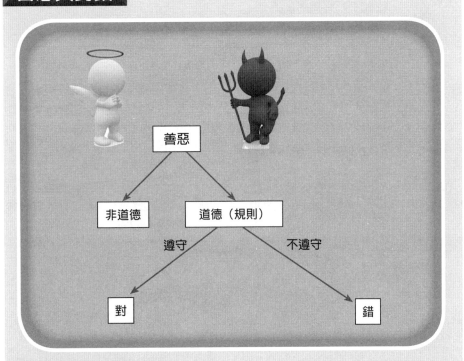

善惡

非道德　　道德（規則）

遵守　　　　　　不遵守

對　　　　　　　　　　錯

價值的分類

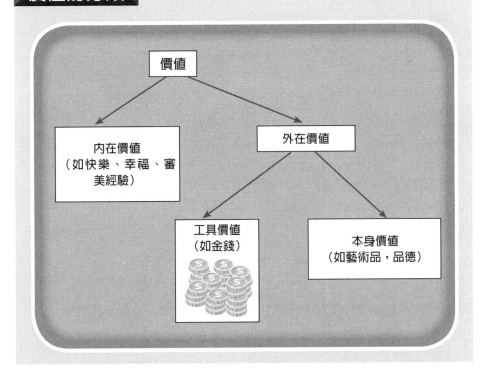

價值

內在價值
（如快樂、幸福、審
美經驗）　　　　外在價值

工具價值
（如金錢）

本身價值
（如藝術品，品德）

UNIT 1-10
德性與規則

倫理學大抵可以分為兩大類，一類是德性倫理學，另一類是規則倫理學。傳統倫理學多屬於德性倫理學，如儒家思想和亞里斯多德倫理學；現代倫理學則多屬於規則倫理學，如功利主義和康德倫理學。

德性倫理學的主要問題是：「我要成為一個怎樣的人？」我想大部人都會回答：「成為幸福的人。」當然，幸福的內容因人而異，但對德性倫理學來說，真正的幸福的人就是擁有德性的人，也就是人的理想狀態。儒家主張仁、義、禮，智、孝、悌、忠、恕、勇、恭、寬、信、敏、惠、直等等，單看這張品德的清單，就知道儒家對品德的重視。正如《大學》所言：「由天子以至庶民，壹以修身為本」，修身就是德性的培養。道家也可歸入德性倫理學，因為它講道德修養（當然道家強調的是另一組不同於儒家的品德），也講理想的人，那就是真人。尼采雖然是反基督教的倫理，卻主張超人，對尼采來說，超人就是擁有一組特定品德的理想人生狀態，所以尼采的道德主張也可歸類為德性倫理學。

而規則倫理學的主要問題不是「要成為怎樣的人？」而是「要遵守什麼規則？」功利主義和康德倫理學分別主張一個終極的道德定律，可以用來說明一般的道德規則，當然，這不是說它們完全不理會德性，但它們所重視的德性，就只能化約為服從規則的德性。

我認為德性能解釋規則，但規則不能解釋德性。例如：一個仁慈的人，一般都不會違反「不應殺人」這條規則；相反，一個不違反這條規則的人，未必就是一個仁慈的人。另外，只強調道德規則，而忽略德性的培養，只會令人感受到道德的強制性，不利於道德的教育，德性倫理學則顯示出道德對個人的好處。基於這兩個理由，我認為德性倫理學比規則倫理學優勝。

為什麼倫理學的發展會由德性論走向規則論呢？這跟啟蒙運動有很大的關係，啟蒙運動的要旨是大膽運用我們的理性，擺脫宗教的枷鎖，帶來社會的進步。現代科學的出現正是啟蒙運動的成果，於是在倫理學方面，哲學家也希望運用人的理性，找出基本的道德定律，用來說明具體的道德規則，就好像科學家找出自然現象背後的定律一樣，功利原則、定言律令和不傷害原則都是這種思潮之下的產物。

德性倫理學和規則倫理學的另一個差別是，前者預設了美好的人生，後者則沒有肯定。正如自由主義所說，人生意義並沒有客觀答案，每一個人都有自由選擇自己的美好人生。為什麼要避免對人生意義作客觀的判斷呢？也是跟宗教有關，在西方的傳統中，人生意義由宗教所賦予，啟蒙運動的精神既要擺脫宗教之累，將道德由宗教分離出來，所以對人生意義也不作客觀的肯定。

德性論

	主要品德	理想人生狀態
孔子	智、仁、勇	仁者
孟子	仁、義、禮、智	聖人
老子	慈、儉、不爭	真人
柏拉圖	智慧、勇敢、節制、公正	追求善
亞里斯多德	智慧、勇敢、仁慈、慷慨	沉思者
基督教	信、望、愛	聖徒
尼采	勇敢、孤獨、真誠、獨立	超人

倫理學的分類

除了德性和規則的區分之外，倫理學又可以分為目的論（或後果論）和義務論，兩者相配，就可以有4個不同的組合。

	目的論 / 後果論	義務論
德性論	亞里斯多德	儒家
規則論	功利主義	康德

★規則與人生

雖然規則倫理學沒有肯定什麼是美好的人生，但其實除了自由主義之外，我們都可從功利主義和康德倫理學的基本原則推論出什麼是人生的目的。對功利主義來說，人生目的就是帶來多數人的最大的快樂；而對康德來講，人生的目的則是履行義務。但我懷疑這兩種人生可否稱為美好的人生，因為它缺乏對個人價值和獨特性的考慮；我更懷疑對大部分的人來說，是否會有動力去實踐這樣的人生。

UNIT *1-11*
事實與價值

圖解倫理學

　　事實和價值的區分對道德思考來說十分重要，因為混淆了事實判斷和價值判斷，會帶來思考上的混亂。例如，「人有生存權」，形式上跟「人有心臟」十分相似，「人有心臟」是事實判斷，可驗證為真，但「人有生存權」卻不是事實判斷，而是價值判斷，真正的意思是「人應該有生存權」；沒有任何經驗證據可證明為真，我們需要提出理據，比如為了保障人的尊嚴。文化相對主義者由「事實上不同文化或社會存在著不同的道德規範」，推論出「不應該有普遍的道德真理」，即混淆了事實判斷和價值判斷，一般來說，由事實如此是推論不出應該如此。

　　又如有科學研究報告指出，男性的邏輯思考能力一般都優於女性，這原是事實判斷，但有人認為這報告歧視女性，這也是混淆了事實與價值。當然，事實判斷跟價值判斷並非毫無關係。例如，有人認為不應用動物做實驗，因為會令動物痛苦，「動物會感受到痛苦」正是事實的判斷。如果動物不會感到痛苦的話，可能就沒有反對的理由。

　　很多人認為，價值判斷是主觀的，原因是價值問題常有爭議性，但其實事實問題一樣可以有爭議。有時價值判斷的爭議未必是源於雙方價值觀的差異，而是大家對事實有不同的判斷所致。例如，有人認為在懷孕的任何階段墮胎都不道德，因為胎兒是有靈魂的，靈魂在卵子和精子結合的一刻便已進入；但我認為靈魂是在懷孕九個星期之後才進入，所以在此之前墮胎並非殺人。

　　有時價值判斷的爭議也不是由於價值是主觀，相反地，大家都認同一樣的價值，例如：自由、平等、正義、社會穩定、效率等，但卻賦予這些價值不同的優先次序，那往往是價值衝突的原因。當然，賦予價值的優先次序本身也是一種價值判斷。

　　事實是重要的，認清事實才能夠客觀；價值也是重要的，沒有正確的價值觀，人生就沒有方向。只重事實而欠缺正確的價值觀，人就會變得現實；相反，只追求價值而忽略事實的人，就會太理想化。比較妥當的做法是，奠基於事實來實現自己的價值。價值奠基於事實包含不同的意思，比方說價值生於經驗。例如，我偶爾聽了一首音樂，有愉快的經驗，然後我就確立了以追求音樂作為目標，這就是價值；而我追求這個目標時，也要考慮成本和它所產生的後果，這些都是建基於事實。

　　一般人認為，事實判斷是客觀的，而價值判斷是主觀的。這種說法只說對了一半，首先，事實判斷和價值判斷並不是截然二分，兩者之間有灰色地帶，但一般來說，事實判斷是客觀大抵沒錯，因為原則上可通過驗證為真；至於說價值判斷是主觀則很有問題，價值判斷雖然不可驗證為真，但可訴諸理據的強弱，當然會有爭議性，卻不是主觀和任意。價值判斷大致可分為三種：實用、審美和道德。實用判斷有最大的一致性，例如：「這是一部好車」，其次是道德判斷，爭議性最多的則是審美判斷。很多人認為審美判斷完全是主觀的，只是個人的喜好，我也不同意，審美判斷也需要有理據支持，這樣大家才可以作理性的討論。

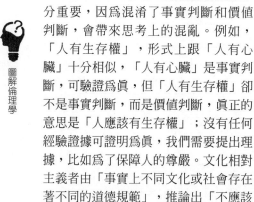

判斷三分法

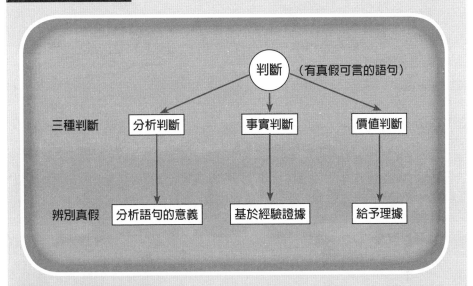

判斷 （有真假可言的語句）

三種判斷　　分析判斷　　事實判斷　　價值判斷

辨別真假　　分析語句的意義　　基於經驗證據　　給予理據

三種價值判斷

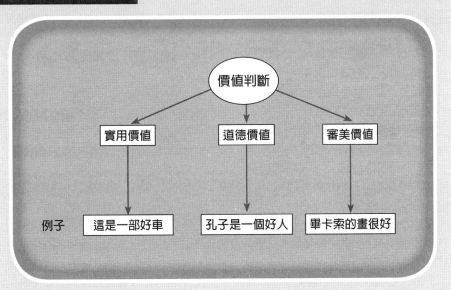

價值判斷

實用價值　　道德價值　　審美價值

例子　　這是一部好車　　孔子是一個好人　　畢卡索的畫很好

知識補充站　★判斷三分法

除了價值和事實判斷之外，還有一種叫做分析判斷，其真假單憑分析語句的意義就可斷定，毋須任何經驗證據，例如：「奶奶是女人」。判斷三分只是一個大致的區分，目的是幫助我們思考清晰；但事實上，有些語句是界乎分析判斷和事實判斷之間，有些則界乎事實判斷和價值判斷之間。

UNIT 1-12 目的與手段

圖解倫理學

在道德的討論中，我們經常會碰到這個問題，就是「可否為了高尚的目的而不擇手段呢？」例如，當年林肯要廢除奴隸制度，但民主黨反對，他們擔心若廢除了奴隸制度，隨後黑人就享有投票權利，會大大影響他們的利益；林肯為了有足夠的票數通過議案，不惜用行賄的方法令民主黨的議員支持。

讓我們先釐清目的和手段的意思。價值可以分為兩種（另一個詳細分類見「善惡與對錯」那一篇），一種是內在價值，另一種是工具價值。如果我們追求某種事物，是因為它本身，並不是因為它所帶來的後果，這種事物就有內在價值；如果我們追求某種事物，是因為它所帶來的後果，這種事物就有工具價值。例如，金錢有工具價值，是因為它可以用來買我們需要的東西；但金錢並沒有內在價值，如果給你很多錢，卻不容許你用，根本就沒有價值。

讓我說明目的和手段跟內在價值與工具價值的關係。舉例，為什麼要找份好工作呢？「目的」是要賺多些錢，找份好工作就變成「手段」，具有工具價值。又為什麼要賺多些錢呢？「目的」是要住得好、吃得好。為什麼要住得好、吃得好呢？為的就是快樂。但如果再問為什麼要追求快樂，就答不出來了；因為快樂不再是達到另一個「目的」的「手段」，它就是「目的」本身。我們追求快樂不是為了得到其他東西，而是因為它本身，所以快樂具有內在價值。

當然，除了快樂之外，其他事物如友誼和知識也有內在價值，但對功利主義來說，只有快樂才有內在價值，一切帶來快樂的行為就只有工具價值。根據功

利主義，即使是殺害無辜的人，如果能夠帶來多數人的最大快樂，這個行為也是對的；換言之，所有行為都只是手段。對功利主義來說，為達目的（多數人的最大快樂）而不擇手段並沒有問題。但康德卻認為，人本身才有內在價值，殺害無辜的人本身就是錯的，即使它能夠拯救多數人的生命。

事實上，有時為了達成高尚的目的或實現重要的價值，在迫不得已的情況下，我們或許有需要做出一些平時被判定為不道德的行為。例如，在「動機與後果」那一篇所舉的猶太人例子，康德面對的是義務衝突的問題，根本解決不了。從功利主義的角度，當然應該為了多數人的快樂（救人）而說謊，這是否表示功利主義比康德理論優勝呢？

我認為康德理論較為接近道德的本質，但其弱點在於不能解決義務衝突的問題，而功利原則可用來幫助判斷該履行哪個義務。這種思考方式並不是功利主義，讓我舉例說明兩者的分別，二次大戰時，美國向日本投下原子彈，雖然使很多無辜的人傷亡，卻能中止戰爭，避免更多無謂的犧牲。從功利主義的角度看，投下原子彈是對的（假設以上的計算是正確），因為它帶來多數人的最大快樂；但從義務的角度看，那是不應傷害無辜和應該拯救無辜生命的義務衝突，而功利原則只是決定義務優先性的其中一個標準。我認為將「可否為了高尚的目的而不擇手段？」這個問題轉變為「如何解決義務的衝突？」會較恰當，因為後者有更廣闊的思考和討論空間。

功利主義與康德倫理學

	內在價值／目的本身	應該做的事
功利主義	快樂	帶來多數人的最大快樂
康德倫理學	人	尊重人

康德倫理學較功利主義優勝，是因為它能彰顯道德的本質，就是對人的尊重；而功利主義的缺點就是為了多數人的最大快樂，有可能犧牲少數人的自由和權利。

如何解決義務衝突

當面對義務衝突的時候，我們可以根據功利原則或不傷害原則來判斷義務的優先性，也可以嘗試使用康德的定言律令來建立新的義務，比如在猶太人的例子，就可建立「為了救人應該說謊」的新義務。

解決義務衝突

功利原則　　不傷害原則　　建立新義務

UNIT 1-13
義與利

圖解倫理學

根據我們的日常經驗，道德和個人利益時常出現衝突，一個有道德的人，總要犧牲自己的利益，如幫助朋友，就不免要損失個人的時間和金錢；而一個沒有道德的人，也經常做出損人利己的行為。道德和利益，似乎有著潛在的衝突，孔子早就看到這個問題，而有所謂「義利之辨」，說「君子喻於義，小人喻於利」。當然，這並不表示我們不應該追求個人利益，假使連自己也不能照顧，那誰來照顧你呢？不過，君子會「見利思義」，面對利益，會先問該不該拿，不像小人，只求利益，不理會道德。但如果涉及的利益太大，要把持道德就不容易了。

雖然孔子講義利之辨，但並未將義和利看成是對立的，合乎道德地追求個人的利益並沒有問題；孟子卻將兩者對立起來，即使所講的利是公利。在〈告子〉篇，孟子跟宋牼討論兩個打仗的問題，宋牼認為打仗是兩敗俱傷的，所以要動之以利來勸說雙方停戰，但孟子認為萬萬不可，因為一講利益就會失去仁義（即是道德）。將義和利推向對立，導致後來宋儒的極端版本：「存天理去人欲」。

除了儒家之外，對於義和利的關係，先秦時期還有兩個截然不同的立場，一個是楊朱，另一個是墨子。楊朱是極端的自利者，不拔一毛而利天下，但亦「悉天下奉一身不取也」，不取人家的利益，況且「人人不損一毫，人人不利天下，天下治矣」，人人的利益都沒有損害，這不是天下太平嗎？楊朱的自利論有點像自由經濟的思想，在自由市場上，人人都追求自己的利益，這樣就會形成社會秩序。楊朱屬於道家，道家重視的是個人的價值，特別是精神自由，所以道家會「見利思害」，碰到利益要看是否損害個人的精神自由。

墨子則是極端的利他者，所謂「摩頂放踵」，表示從頭到腳都磨損了，為的就是幫助別人。但不同於孟子，墨子正是以利來界定義，當然，他講的利是眾人的利益，帶來公利的行為就是道德，有點像西方的功利主義。從墨子的角度看，宋牼的說法是完全合理的。而事實上，墨子還身體力行，率領弟子阻止不義（侵略性）的戰爭。但墨子也有鬼神監察的觀念，行不義之事會遭受上天的懲罰。從宗教的角度看，道德能為我們帶來長遠的利益，包括死後的生命，因為行惡之人死後很有可能落入地獄受永恆之苦。

的確，很多道德的行為帶來人的快樂，而不道德的行為則帶來人的痛苦。但無論是個人的利益，或是多數人的利益，似乎都無法完全說明道德的價值和意義。在這裡，正顯示出儒家獨到之處，那就是道德的自主性和自強性，儒家的問題不過是過分高舉道德的價值，壓倒其他的價值如經濟和知識。孟子所講的「捨生取義」，就跟墨子的利他主張一樣，對一般人來說，未免是要求太多。

墨子 VS. 孟子

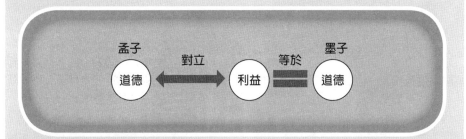

墨子 VS. 楊朱

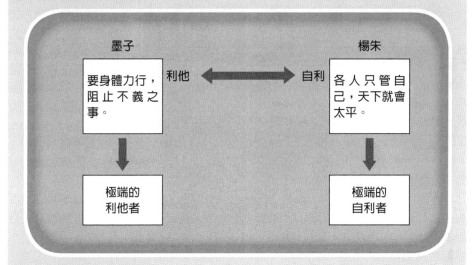

儒家 VS. 道家

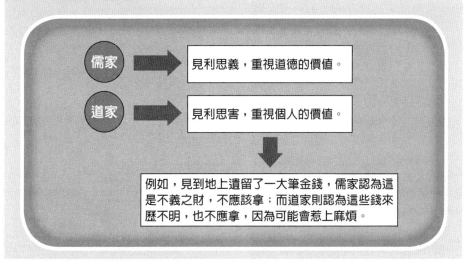

UNIT 1-14
知與行

圖解倫理學

如果說道德是善的實現的話，那麼，經驗知識也扮演一個很重要的角色，例如：醫生必須具備醫學的知識，才能醫治病人，帶來善。如果沒有相干的經驗知識，幫人可能變成害人。然而，道德本身可以是知識嗎？宋儒有所謂「德性之知」和「見聞之知」之分，正對應著「道德知識」和「經驗知識」。道德作為一種知識，當然不是指像數學和邏輯這類形式知識，或是涉及事實的經驗知識，如物理學和化學；為了方便區別，可稱之為規範性的知識，如「不應偷竊」。但知道不應偷竊，未必就不會做，所以道德也關乎實踐，知識和實踐也就是「知和行」的關係。

對於知行的關係，也有不同的哲學立場，在西方哲學傳統，有蘇格拉底「德性即知識」的主知思想。蘇格拉底認為，如果知道什麼是「公正」，那就能實踐公正，做一個公正的人，我們不妨稱之為西洋版的「知行合一」。至於中國，最早探討知識和道德關係的應該是《大學》一書，《大學》裡有所謂八條目，乃修行的次第，那就是「格物、致知、誠意、正心、修身、齊家、平天下」；「齊家、平天下」屬於「外王」，「誠意、正心、修身」屬於「內聖」，即是道德，而「格物、致知」則是研究事物，獲取知識，但知識又如何有助於「誠意」呢？宋儒朱熹認為，當我們研究事物的道理有一定的時間，觀理的能力自然提升，最後就會豁然貫通，明白眾理之理，即是天理，這就是成德的關鍵；但陸象山批評這是捨本逐末，因為天理就在人的心中，所以「明本心」才是最重要。陸象山不是否定讀書學習的重要，不過他認為首要的是「先立其大」，而朱子則以學習為起點，二人只是入路先後的不同，目標是一致的，就是成聖成賢。

明代的王陽明繼承了陸象山的心學，主張中國式的「知行合一」。王陽明以「好好色，惡惡臭」為喻來說明知行合一的意思，好色是知，好好色是行，我們不是見到美色之後才說喜歡，也不是聞到惡臭才覺得討厭，而是見美色的同時就喜歡，聞惡臭的同時就討厭，知行是不可分的。要注意的是，王陽明講的知只是道德之知，行固然是道德實踐，但也包括意念的發動。王陽明對「格物致知」也作了新的解釋，「格」的意思是正，格物就是「端正心中的意念」；「知」的意思是良知，致知就是「致良知」。也可以說「格物」是去惡，「致知」是擴充良知，跟「誠意」和「正心」連在一起，「格物，致知，誠意，正心」四者為一，不再是《大學》所講的次第關係。

王陽明一方面批評朱子「先知後行」的主張，另一方面則針對朱學末流只講知識學習卻忽視道德實踐。陽明良知教的重點是在良知發用時體證之，其實是繼承孟子、象山「先立其大」的簡易工夫，而良知教的流弊則是忽視存養的工夫，因為人人都有良知，人人都是（潛在）聖人，王學發展到末流就變成了不重工夫的空談，也就是明朝滅亡的一個原因。

蘇格拉底VS.王陽明

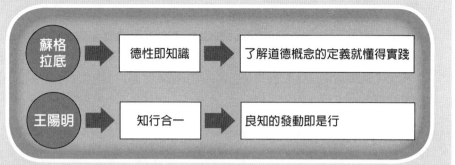

蘇格拉底 ➡ 德性即知識 ➡ 了解道德概念的定義就懂得實踐

王陽明 ➡ 知行合一 ➡ 良知的發動即是行

知行的不同意義

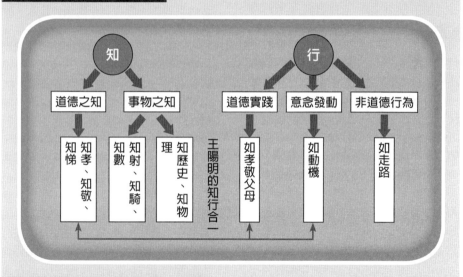

知

道德之知 → 知悌、知孝、知敬、

事物之知 → 知數、知射、知騎、／理、知歷史、知物

王陽明的知行合一

行

道德實踐 → 如孝敬父母

意念發動 → 如動機

非道德行為 → 如走路

格物致知的不同解釋

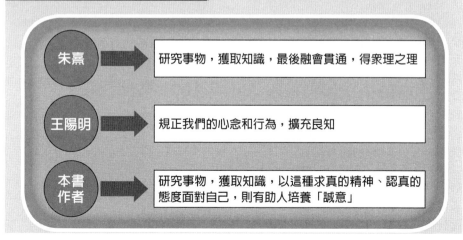

朱熹 ➡ 研究事物，獲取知識，最後融會貫通，得眾理之理

王陽明 ➡ 規正我們的心念和行為，擴充良知

本書作者 ➡ 研究事物，獲取知識，以這種求真的精神、認真的態度面對自己，則有助人培養「誠意」

UNIT **1-15**
滑落斜坡的謬誤

圖解倫理學

「滑落斜坡」是一個比喻，用來說明只要接受了論證的前提，就像滑坡一樣，最後會到達一些不可接受的結論。在道德的爭論中，「滑落斜坡」經常被用來誇大某些事件帶來的不良後果，藉以反對，或是收嚇唬之效。例如，在安樂死的爭論中，就有這樣的論證：「自願安樂死合法之後，就會輪到非自願安樂死合法；非自願安樂死合法之後，下一步就是不自願安樂死合法，連不想死的人也要殺害，絕對不可以接受；所以自願安樂死不可以合法。」又如同性戀的爭論：「同性戀一旦除罪化，下一步就是同性婚姻合法；同性婚姻合法之後，跟著人獸婚姻就會合法；人獸婚姻合法之後，人物婚姻亦會合法；人和死物都可以結婚，簡直就是道德大淪亡，所以，同性戀絕對不可以除罪化。」其實，不自願安樂死和人物婚姻合法，幾乎都是不可能發生的事。

一般邏輯書會將「滑落斜坡」歸入不充分的謬誤，因為滑落斜坡這個連鎖反應根本不會發生，以前面安樂死論證為例，其連鎖反應是：自願安樂死合法→非自願安樂死合法→不自願安樂死合法。換言之，它的前提是假，不足以支持結論。但我並不同意將「滑落斜坡」歸入不充分的謬誤，因為「滑落斜坡」也可以陳構成對確論證，其論證形式是「如果P則Q，如果Q則R，非R；因此，非P」，因此將「滑落斜坡」歸類為不充分的謬誤實為不當。贊成將「滑落斜坡」歸入不充分的謬誤的人也許會說，這是非形式謬誤，是內容有問題，不是形式有錯。然而，內容有問題是什麼意思呢？以非黑即白的謬誤為

例，即使前提為真，但不能充分支持結論；可是，若以上論證的前提為真，就能充分支持結論，變成不是謬誤了。不充分應該了解為即使前提為真，也不足以支持結論，所以我認為滑落斜坡應歸入不當預設的謬誤，其不當預設正是「連鎖反應必然發生或會發生的機會很大」。

如果連鎖反應會發生的機會很大，就不算是滑落斜坡的謬誤。但這種謬誤在應用上常出現爭議，因為大家對連鎖反應會發生的機會存在分歧。例如，幹細胞的研究有很高的醫學價值，但有人卻反對說：「如果批准幹細胞研究的話，由於有很大的經濟效益，下一步就會發展為無性複製胚胎，之後就會出現胚胎農場，接著就是胚胎超市，將生命變成商品」，這種擔憂確實是存在的。要判斷是否為滑落斜坡，必須具備有關的經驗知識，尤其是各項之間的因果關係。有人將滑落斜坡看成是因果謬誤的特例，我也不同意，因為因果謬誤中的事件根本沒有因果關係，但在滑落斜坡中的連鎖反應中，各項之間可以具有因果關係，但由於涉及的事件是多因，所以其因果關係並不具有必然性。

滑落斜坡與對確論證

如果P則Q
如果Q則R
非R

因此，非P

由於滑落斜坡可構成此一對確論證形式，所以我將它歸類為不當預設，而不是不充分的謬誤。

謬誤分類

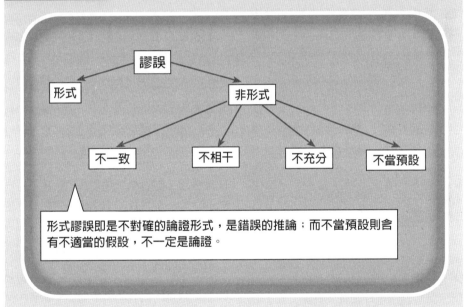

謬誤
形式　　　　　非形式
不一致　　　不相干　　　不充分　　　不當預設

形式謬誤即是不對確的論證形式，是錯誤的推論；而不當預設則含有不適當的假設，不一定是論證。

知識補充站　★四不架構

「四不架構」是李天命先生所創立的謬誤分類架構，四不的意思就是不一致、不相干、不充分和不當預設。四不架構的優點是簡單明瞭，易於記憶；而且，不一致、不相干、不充分和不當預設是按其嚴重性排列，檢查言論是否有謬誤時就可按此次序進行。四不架構還可應用於人生處世，「不一致」提醒我們做人要跟自己的目標保持一致；「不相干」則指導我們不要為那些跟我們重要價值不相干的事物而煩惱；「不充分」要我們注意，看事物必須全面，避免偏見的產生；「不當預設」叫我們不要盲目接受社會上所預設的價值觀，避免由此帶來的不幸和痛苦。

UNIT 1-16
訴諸自然的謬誤

圖解倫理學

在道德的爭論中，很多人喜歡以違反自然為論據，反對複製人、同性戀、自殺或安樂死等主張。例如：「求生是人的自然本能，安樂死是違反自然；所以，安樂死是不道德的。」但這些論證的最大問題是，為什麼違反自然就是不道德呢？其實一般人也不自覺假定了，所謂「違反自然」、「不自然」或「干預自然」就一定是錯或有害的，而所謂「合乎自然」、「順其自然」就一定是對或有益的，難怪那些自然療法會大行其道。問題是，自然界的一切都是好嗎？自然現象如颱風、地震、火山爆發，也都是好的嗎？

其實所謂「不自然」或「違反自然」的意思根本不清楚。當一個人患了絕症，在極度痛苦之時，也會覺得生無可戀，想死也是很「自然」的事，為什麼安樂死是錯呢？有些人天生就是同性戀者，那不是很「自然」嗎？由此可見，所謂「不自然」或「違反自然」等說法根本是語意曖昧的。所以我認為，凡是以自然或不自然作為「論據」來判斷對錯或好壞，都是錯誤的推論，統稱為「訴諸自然」的謬誤。

當然，我們也可以將「自然」或「不自然」的意思解釋得比較清晰，用「人工」跟「自然」相對，這樣人工受孕、複製人、基因改造食物等都可以說是「不自然」。比如說基因改造食物，自然界不可能出現番茄和豬基因的結合，但科學家卻可以利用科技合成，在這個意思下，我們可以說基因改造食物是「不自然」的。很多人反對基因改造食物的理由是「有害」，有害有兩個意思，一個是指對人類身體有害，另一個是指對環境有害，因為其會降低物種的多樣性，破壞生態的平衡。但基因改造食物是否一定對人類有害還有待證明；相反地，製造基因改造食物的原意通常是為了增加食物產量、營養和對疾病的抵抗力，這對於我們是有益的。所以，重點是有害健康，並不在於「不自然」，天然的食物也可能對人類有害，試飲未經消毒的天然牛奶，看看有什麼後果。

至於第二個反對基因改造食物的理由就是破壞環境，破壞環境也就是違反自然。基因改造食物會否降低物種的多樣性是一個事實問題，那是科學家研究的課題；但降低物種的多樣性會破壞生態平衡就有商榷的地方。生態平衡合乎自然，破壞生態平衡就是違反自然；那麼颱風、地震和火山爆發等自然現象也算是違反自然嗎？因為它們也會對生態造成破壞，既自然又違反自然，那不是自相矛盾嗎？其實所謂「生態平衡」，往往是由人的利益來判斷，就以熊貓和中華白海豚為例，它們絕種其實對生態沒有什麼大影響，一個環保組織以熊貓作為標誌，其實不過是反映人類的利益，只是因為我們喜歡熊貓。還有，保護絕種的生物，難道不是一種干預自然的行為嗎？因為生物絕種也可以是一個自然淘汰的結果。有些環保分子為了維持他們心目中的生態平衡，甚至主張殺掉過剩的動物，這種人為的做法合乎自然嗎？

訴諸自然的問題

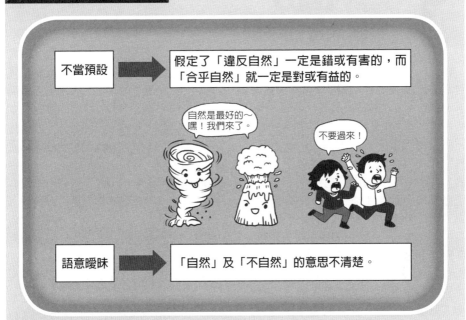

| 不當預設 | ➡ | 假定了「違反自然」一定是錯或有害的，而「合乎自然」就一定是對或有益的。 |

自然是最好的～嘿！我們來了。

不要過來！

| 語意曖昧 | ➡ | 「自然」及「不自然」的意思不清楚。 |

自然與違反自然

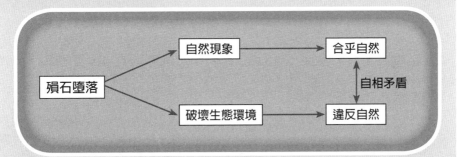

殞石墬落 → 自然現象 → 合乎自然

殞石墬落 → 破壞生態環境 → 違反自然

合乎自然 ↕ 自相矛盾 違反自然

知識補充站 ★自然主義的謬誤

「訴諸自然的謬誤」跟「自然主義的謬誤」在名稱上很相似，但其實是不同的東西。自然主義的謬誤是由二十世紀初哲學家摩爾所提出來，他認為「善」是一個簡單的概念，就像「黃色」這個概念一樣簡單，無法定義，只能用直覺去把握。而且「善」也是一個非自然性質，任何用自然性質來定義「善」，都是犯了自然主義的謬誤。但我認為摩爾所反對的主張不能以「謬誤」稱之，因為「謬誤」是指錯誤的思考方式（大部分是錯誤的推論），而摩爾所反對的是一些實質的主張，並不是推論。

UNIT 1-17
訴諸人身的謬誤

圖解倫理學

訴諸人身是錯誤的推論，屬於不相干的謬誤，主要透過攻擊對方的人身因素，諸如身分、地位、階級、動機、品格、種族等等來反駁對方的論點，所以又名人身攻擊的謬誤。例如：「有佛教僧人反對自殺，因為自殺會帶來惡果，來世很有可能在地獄受苦。但我們不需要理會他的主張，因為作為佛教徒，他一定是站在佛教的立場，反對自殺。」我們若不同意僧人的主張，就要反駁他的論證，而不是攻擊他作為佛教徒的身分。一般來說，「訴諸人身」與「人身攻擊」這兩個謬誤名稱可以互換；但嚴格來講，前者的範圍比後者更大，因為訴諸人身不一定要人身攻擊，也可以人身讚美。例如：「他是一個好人，因此，他說的話一定是真的。」當然，人身攻擊比人身讚美更普遍。

攻擊對手的人身因素似乎是人天生的本能，看看小孩子爭論就會明白，最後一定牽涉對方的人身因素。例如，本來是討論誰的成績優勝，但慢慢就會演變成誰的家族很厲害。一個說法是否成立，跟由誰提出來沒有必然關係，應該就這個說法本身來判定。中國人有一句話叫做「因人廢言」，意思是單憑人身因素而否定一個人的言論，正反映出人身攻擊謬誤的精神。人身攻擊是一種既自然又粗鄙的謬誤。

在道德思考中，常見的人身攻擊謬誤就是攻擊對方的意圖或品格，例如：「別有用心」、「心懷不軌」、「陰謀論」和「品德差」等等，意圖或品格是一回事，所說的話是否成立又是另一回事。不過，要注意的是，判斷行為對錯跟言論真假的分別，在判斷行為是否道德時，動機是一個相干的因素；但由動機的好壞來推論出所說的話的真假，則是犯了訴諸人身的謬誤。另外，若結論是有關對方的品格或意圖等人身因素時，那訴諸人身就不是謬誤了，因為現在前提和結論有相干性，例如：「他的話不可信，因為他經常說謊。」法庭上律師質疑證人口供的可信性，往往會攻擊對方的品格，但若不小心，也會犯人身攻擊的謬誤。

訴諸人身的另一種常用手法就是，指出對方也做了相同的事，而論證對方的批評不成立。例如：「你敢批評我是騙子，你不是也經常說謊嗎？」還有一個相近的手法，就是「你有什麼資格」，道德說教者就很喜歡用這種方式來教訓人：「你有什麼資格批評人？」正如前面所言，一個說法是否成立與是誰提出來的根本沒有關係，所以根本不存在「資格」的問題。

另外，我們需要將純粹的人身攻擊，跟人身攻擊的謬誤區分出來，因為很多人會將人身攻擊當成是人身攻擊的謬誤。人身攻擊的謬誤是錯誤的推論，而純粹人身攻擊只是嘲笑其人身因素，並非論證。比如說：「他瘦得很，像隻猴子！」

這是純粹的人身攻擊，至於「他瘦得很，像隻猴子！所以他的話一定不可信」，就是人身攻擊的謬誤。

訴諸人身謬誤的結構

人身因素（讚美或攻擊）

- ▼ 推論

言論（成立或不成立）

人身攻擊的常見手法

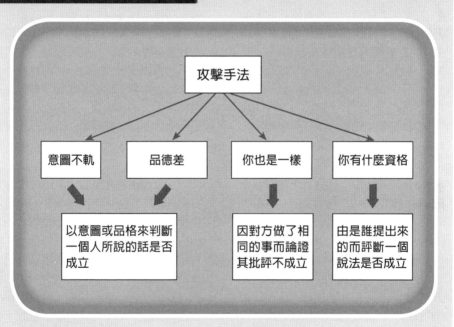

攻擊手法

| 意圖不軌 | 品德差 | 你也是一樣 | 你有什麼資格 |

以意圖或品格來判斷一個人所說的話是否成立

因對方做了相同的事而論證其批評不成立

由是誰提出來的而評斷一個說法是否成立

知識補充站 ★訴諸人身與意圖謬誤

在藝術評論中，我們常常碰到這樣的論證，就是從作者的動機推論出作品的價值。例如：「這件作品很偉大，因為作者的創作動機是表達偉大的母愛」，犯的正是訴諸人身的謬誤。由於這種情況相當普遍，所以有哲學家專稱為「意圖謬誤」，也可以將意圖謬誤看成是訴諸人身的一個特例。

UNIT 1-18
訴諸權威的謬誤

在討論的時候，援引權威來支持自己的論點很普遍，也不一定是謬誤。訴諸權威謬誤的真正意思是誤用權威，比如引用不相干的權威。尤其是今天各項知識都非常專業化，訴諸權威是很平常的事，但我們要小心的是，權威是否相干。例如，本來我們想知道有關生物的知識，卻詢問物理學家，那就是不恰當。在成長和學者的階段中，小孩子訴諸權威是有必要的；我們生病看醫生、打官司請律師、功課有困難問老師等都是訴諸相干的權威，是恰當的。當然，這並不表示權威說的話就一定正確。一般來說，自然科學的權威較為可信，因為科學的知識是經過多年的時間，耗費不少人力物力驗證得來的；所以，當物理學家告訴你不要將手指插入插頭、醫生叫你不要吃砒霜，你最好聽話，否則就會受到「事實」的懲罰。

在道德的思考中，經常有人援引社會上的權威來支持自己的判斷，例如：「某名醫說安樂死是錯誤，某大律師說安樂死是不道德，某宗教領袖也說安樂死是違反倫理；因此，安樂死必須禁止。」不錯，這些醫生、律師和宗教領袖都是社會上某方面的權威，卻不是道德的權威，因為在道德的領域，根本沒有權威可言，必須提出理據來支持道德的判斷。如果名醫、大律師和宗教領袖進一步交待他們反對安樂死的理據，比如說違反醫生守則、合謀殺人和背叛上帝，那麼我們就可以審視這些理據。所以，重要的不是權威所說，而是理據本身是什麼。

不像科學，宗教、哲學和藝術等領域並沒有實效作為依據，所以我們必須提出理由；換言之，這些領域並不存在跟科學相提並論的權威。其實這也是事實和價值的分別，事實判斷可以驗證其真偽，有客觀性；但價值判斷必須訴諸理據，常有爭議性。所以，比較準確的說法是，經驗性的知識有著相干的權威，如哲學教授說：「亞里斯多德是柏拉圖的學生」，這是可信的；但價值性的主張則沒有相干的權威。又如哲學教授說：「佛學最偉大」，必須要提出理據。即使是經驗性的知識，不同學科的可信性亦有不同，一般而言，自然科學比社會科學可信，社會科學比人文學科可信。即使是自然科學，物理學會比生物學可信，而生物學又比醫學可信。社會科學中以經濟學最具科學性，其可信性卻大大不如自然科學；天文學家可以準確預測日蝕，但經濟學家卻不能準確預測金融危機。

不過，如果提出價值主張的人過往都有良好的「紀錄」，即他過往的價值主張都有充分的理據支持，即使這次的主張沒有交待理據，那還是值得信賴，因為這是歸納法的運用。其實恰當地訴諸權威跟歸納法中的枚舉歸納有密切的關係，權威之所以成為權威，就是根據他過往的表現，只不過在哲學、宗教、藝術和政治等領域容易有人冒充權威，假權威到處橫行；相對來說，在自然科學領域要弄虛作假就比較難。

訴諸權威謬誤的形式

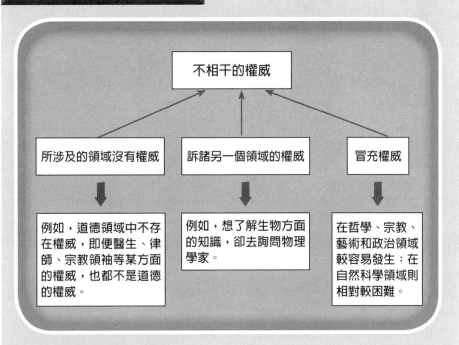

不相干的權威

所涉及的領域沒有權威	訴諸另一個領域的權威	冒充權威
例如，道德領域中不存在權威，即便醫生、律師、宗教領袖等某方面的權威，也都不是道德的權威。	例如，想了解生物方面的知識，卻去詢問物理學家。	在哲學、宗教、藝術和政治領域較容易發生；在自然科學領域則相對較困難。

恰當的訴諸權威

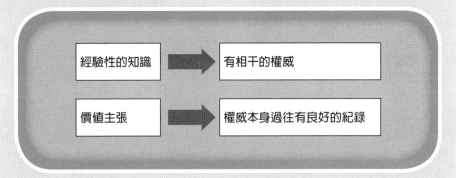

經驗性的知識	➡	有相干的權威
價值主張	➡	權威本身過往有良好的紀錄

知識補充站 ★歸納法

歸納法即是歸納推論，歸納推論沒有必然性，若前提為真，結論只是很有機會為真，例如：「甲所說的話可信，因為他是誠實的，我們之所以判斷他誠實，就是根據他過往的表現。」這是最常見也是最基本的歸納法，稱為枚舉歸納法。除此之外，還有假設演繹法和因果歸納法等等。

UNIT 1-19
非黑即白的謬誤

圖解倫理學

非黑即白只是一個比喻，用以說明由不是一個極端，而推論出另一個極端，忘記了兩者之間還有其他可能性，就好像不是黑色，就一定是白色，卻忽略了黑白之間還有其他顏色。非黑即白屬於不充分的謬誤，不充分的意思是前提跟結論相干，但不能充分支持結論，不是黑色有可能是白色，但不一定（或並不是有很大的機會）是白色。當然，黑即非白的推論並沒有錯。

在道德思考中，非黑即白是常見的謬誤。例如：「墮胎不是不道德，因此是道德，我們應該去做」，在這裡，「不是不道德」的意思是沒有違反道德，「不道德」和「道德」之間還有其他可能性，那就是非道德；所以即使墮胎不是不道德，也不表示我們有責任去做。又例如：「同性戀的爭論沒有客觀的答案，所以，同性戀的對錯只是各人的主觀判斷」，即使道德問題沒有客觀的答案，也不表示道德是主觀的判斷；因為道德的爭論可以界乎客觀和主觀之間，就好像考試時的開放問題，雖然沒有所謂正確的答案，但並不表示任何答案都成立。

我認為有兩個原因容易導致非黑即白的謬誤，一個是語意方面的因素，例如：「他不是好人，所以一定是壞人」，好人和壞人之間還有其他可能性，就是不好也不壞的人。不過「好人」和「壞人」這些語辭是含混的，即它們的意義或用法並沒有明確的界線，也就是這個原因，令我們容易作出以上錯誤的推論。另一個導致非黑即白的謬誤是心理因素，人在發脾氣的時候，就容易由不是一個極端而走向另一個極端。例如，小時候媽媽總逼迫我剪頭髮，不准許留長頭髮，我就會發脾氣地說：「要剪就剪個夠！剃光頭好了！」由不要留長頭髮而推論出剃光頭，正是由不是一個極端而推論出另一個極端，犯了非黑即白的謬誤。

有很多人以為二分法即是犯了非黑即白的謬誤，其實不恰當的二分法才有問題，例如：只將行為分為「道德」和「不道德」，就是不恰當的二分，因為還有非道德的行為。而將行為分為「道德上容許」和「道德上不容許」則是恰當的二分，因為即使是非道德的行為，都可以歸入「道德上容許」。

非黑即白跟假兩難這種謬誤有密切的關係，所謂假兩難就是指或言命題中的兩個選項不是排斥，或者不是窮盡。我們可以將非黑即白看成是假兩難的一個特例，「非黑即白」不正是「是黑色，或是白色」嗎？黑色和白色雖然是互相排斥，但並不窮盡所有可能性，因為兩者之間還有其他顏色。假兩難中兩個選項也不一定像非黑即白是兩個極端，換言之，「非黑即白」一定是「假兩難」；但「假兩難」則不一定是「非黑即白」。舉例，911之後，布希表示：「所有國家都要作出選擇，若不站在美國這邊，就是站在恐怖分子那邊！」這是假兩難的經典例子，兩個選項雖排斥但不窮盡，因為我既可以不支持美國，也不支持恐怖分子。如果要將這個例子解釋為非黑即白的謬誤，就要把「站在美國這邊」和「站在恐怖分子那邊」視為兩個極端。

非黑即白謬誤的結構

不是這個極端

- ➜ 推論

另一個極端

道德、不道德與非道德

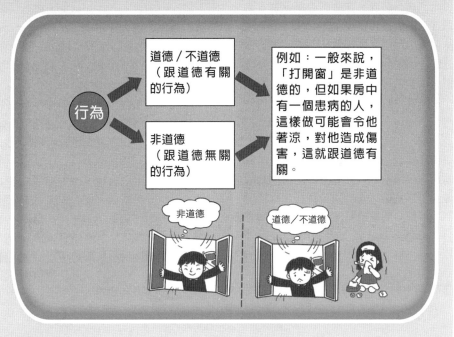

行為

道德／不道德
（跟道德有關
的行為）

非道德
（跟道德無關
的行為）

例如：一般來說，
「打開窗」是非道
德的，但如果房中
有一個患病的人，
這樣做可能會令他
著涼，對他造成傷
害，這就跟道德有
關。

非道德

道德／不道德

★非黑即白和訴諸無知

有人會將非黑即白和訴諸無知這兩種謬誤混淆。兩者都是錯誤的推論，也同屬於不充分
的謬誤。訴諸無知是由沒有證據證明A，而推論出非A，但A和非A並沒有中間型態，例
如：「魔鬼存在」和「魔鬼不存在」，存在和不存在是恰當的二分，只不過由沒有證據
證明A，是推論不出非A的。至於非黑即白，由不是A，而推論出另一個極端B，但A和B
之間還有其他可能性存在，例如：「富有」和「貧窮」，所以不是A，未必就是B。

UNIT 1-20
起源謬誤

圖解倫理學

探討字詞和事物的起源是有趣的，但若以爲這些源頭能對我們了解字詞和事物有重要的價值，就值得懷疑。試想「馬路」的原意，對我們現在了解這個概念有什麼幫助呢？「馬路」原本的用途是給馬行走，但不表示現在我們可以騎著馬走在「馬路」上。馬克思主義者認爲，一夫一妻的出現是男性爲了鞏固其繼承權而產生出來，因爲相比於之前的母系社會，這種制度可以確保孩子是男方的親生骨肉，即使一夫一妻制有著這樣的出處，也不表示現在的一夫一妻制只是維護男性的利益。字詞的意思會改變，事物的用途亦會轉變；以原來意思或用途來規範事物，實有礙進步。

尼采在《道德系譜學》一書探討道德概念的歷史起源，他發現原來憐憫是起源於憎恨和報復。即使如此，也不表示有損「憐憫」的道德價值，若由於憐憫的起源是憎恨和報復，就否定憐憫的價值是不恰當的。又例如，有心理學家認爲，同情心的形成是源於初生嬰兒尙未有人我的區別，每當他見到別人痛苦時，就以爲是自己的痛苦。即使「同情心」有著這卑微的出處，亦無減它的價值，由同情心的出處而論證它的價值，是一種錯誤的推論，稱之爲「起源謬誤」。

起源謬誤凡指以一件事物的「起源」，去證明或反證這件事物。例如：「非自願安樂死和優生學都是錯誤的，因爲最初主張非自願安樂死和優生學的是納粹黨，而納粹黨是邪惡的。」邪惡的源頭所做的一切都一定是邪惡嗎？納粹黨也反對吸菸，但這是邪惡嗎？支持非自願安樂死的哲學家辛格就曾經被人批評爲納粹黨的支持者。又例如：「要知道生活的意義，必須知道生命的起源，只有宗教可以告訴我們生命的眞實起源；所以，只有宗教能給予我們生命的意義。」當然，我並不是說宗教跟人生意義毫無關係，即使人是經由自然進化而來，也不表示人生沒有意義，人生的意義可以由人自己來決定。

有些人很喜歡這樣論證，由某個觀念產生特定的歷史文化背景，而推論出它沒有普遍的意義；當然，這是一種錯誤的推論，也是起源謬誤。例如：「不應以西方民主自由的價值觀去批評東方文化，因爲民主自由只是特定文化背景下的產物。」不錯，民主自由這些價值是源於西方，但不表示沒有普遍性；正如科學也是源於西方，並不表示科學就沒有普遍性。

有時起源可以指個人的出身或意圖，那麼，它就跟訴諸人身的謬誤有重疊的地方。例如：「你的祖先是壞人，所以，你也是壞人。」換句話說，意圖謬誤既可歸類爲訴諸人身的謬誤，也可歸入起源謬誤，意圖謬誤正是訴諸人身謬誤和起源謬誤的共同之處。

起源謬誤的結構

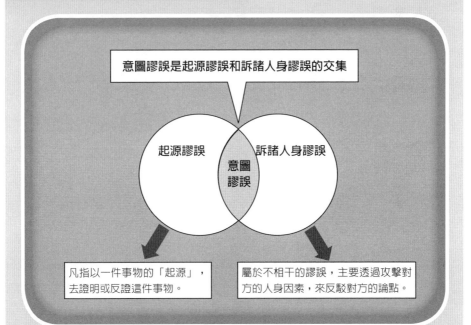

事物起源

推論

支持或反對這事物

起源謬誤與訴諸人身謬誤

意圖謬誤是起源謬誤和訴諸人身謬誤的交集

起源謬誤

意圖謬誤

訴諸人身謬誤

凡指以一件事物的「起源」，去證明或反證這件事物。

屬於不相干的謬誤，主要透過攻擊對方的人身因素，來反駁對方的論點。

知識補充站 ★謬誤的定義

謬誤可定義為錯誤的思維方式，大部分是錯誤的推論，例如：非黑即白、訴諸無知、訴諸人身和起源謬誤。但也存在非推論的謬誤，例如：自相矛盾與混合問題。自相矛盾只是一句含有邏輯矛盾的話，並沒有前提和結論，不是推論；而混合問題則是含有不當預設的問題，亦非推論。

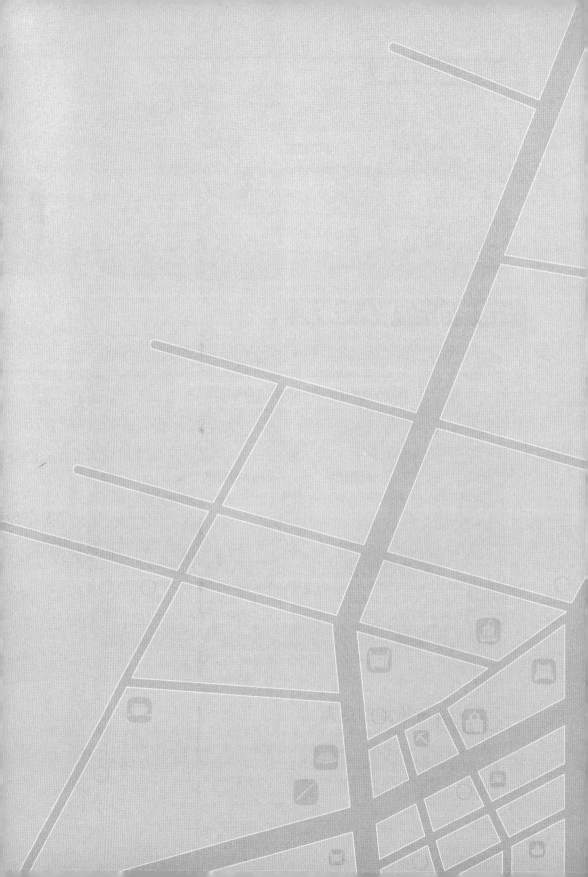

第 2 章
道德理論

•••••••••••••••••••••••••••• 章節體系架構 ▼

UNIT 2-1
柏拉圖的善

圖解倫理學

柏拉圖在《理想國》一書中指出，道德跟人的利益是一致的，當然，他講的並不是物質方面的利益，而是指精神方面，因為道德有助於人的精神上升，追求真實。但究竟什麼是「真實」呢？柏拉圖認為，真實是完美和不變，根據這個定義，我們身處的世界就不真實，因為經驗事物不但充滿變化，而且也不完美，只有「理型」（或觀念）才是真實。例如，經驗世界中的一張椅是不真實的，因為它有朝一日會毀壞和消失，但「椅」的理型卻是永恆不變，而這張椅之所以存在，就是因為模仿了「椅」的理型。

在真實世界中，理型也有不同的層級，有些比較具體，如「椅」的理型；有些則比較普遍或抽象，如「家具」的理型，並且前者模仿後者。理型之間也互相模仿，而最高的理型就是「善」，也是「真」，亦是「美」。柏拉圖主張人應該追求真實，精神上從經驗世界提升至理型世界。他在《理想國》一書提出洞穴的比喻，洞穴中有一些囚犯，腳和頸都被鐵鍊鎖住，自出生起就把牆上的投影當作真實，其中一個囚犯掙脫了鎖鍊，走出了地面，看見了太陽，而太陽正是「善」的象徵。

要認識理型，憑的是理性，所以人應該發展他的理性，成就智慧；也要用理性去控制意志和欲望，培養勇敢和節制。當人擁有這三種德性，就是精神處於和諧的狀態，那就是公正。而智慧、勇敢、節制和公正這四種德性則有助於人的精神的提升，追求「善」的理型，也就是理想的人生。要達致理想的人生，必須有一個理想的國家。在理想國中，主要有三個階級，分別是統治階層（擔任管理和行政的事務）、士兵階層（執行保衛國家的任務）和生產階層（包括農民、工匠等依靠勞力生活的人）。這三個階層分別對應著之前所講的三種不同的能力，管理統治需要智慧，士兵要勇敢，低下階層則要節制自己的欲望。如果社會上這三個主要階層能協調的話，則這個社會才有「公正」可言。

可是，我們似乎不大了解柏拉圖所謂「公正」的意思，但可以肯定不會是我們現在所講的「公平」或「平等」，反而更接近「各人安分守己，社會才有秩序」的意思。由此看來，柏拉圖理想國的階級是壁壘分明，要求的是各人緊守其崗位，社會才有良好的秩序。所謂教育，就是用來培養出統治階層，而那些質素比較差的人就會在這種教育制度下淘汰出來，要做保衛和生產的工作。柏拉圖這種教育可以說是精英教育，主要的功能是培養管理國家的人才，而在這班管治人才當中，智慧最高的才有資格做皇帝，這就是哲王主張。可是，柏拉圖似乎認為由一個人（即皇帝）擁有極大的權力是沒有問題。大抵他以為哲學家既是最有智慧的人，自然事事都能做出最正確的決定，並且不會濫用自己的權力。

真實的層級

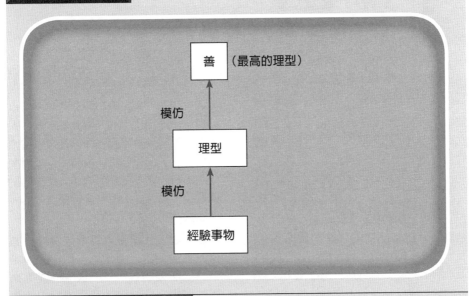

靈魂三分與理想國

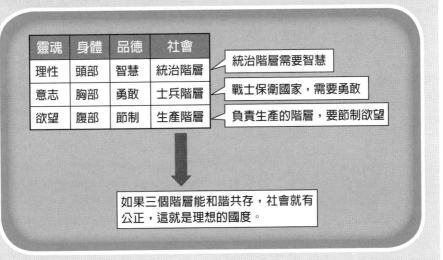

靈魂	身體	品德	社會
理性	頭部	智慧	統治階層
意志	胸部	勇敢	士兵階層
欲望	腹部	節制	生產階層

統治階層需要智慧

戰士保衛國家，需要勇敢

負責生產的階層，要節制欲望

如果三個階層能和諧共存，社會就有公正，這就是理想的國度。

 ★形上學

形上學是哲學最基本的部門，探討的是萬物的基本原理，每個哲學家之所以有不同的主張，最後都可追溯到其形上學有不同的預設。觀念論是其中一類形上學，又可以分為兩種，一種是觀念可以獨立於心靈而存在，如柏拉圖的理型論；另一種是觀念不可以獨立於心靈而存在，如黑格爾的唯心論。唯物論和實在論是另外兩類形上學，雖然它們都承認經驗世界是客觀存在，但唯物論將所有事物，包括心靈，都化約到物質。

UNIT **2-2**
亞里斯多德的幸福論

圖解倫理學

人生的目的是追求幸福，相信沒有人會反對，但幸福又是什麼呢？大部分人會說是擁有金錢、地位、事業、家庭和健康等。但對亞里斯多德來說，這些外在的善並不是幸福的必要條件，內在的善才是幸福的必要條件，那就是德性。

亞里斯多德認為，一件事物的目的就在於實現它的功能，例如：醫療的目的是為了健康，法律的目的則是為了正義，但人生的目的又是什麼呢？什麼才是人的功能呢？亞里斯多德指出，人的最高級功能就是理性，而理性也是人的本質；所以人生目的就是充分發展其理性的能力，實現人的本質。

充分實現理性就是過著理智的生活，成就德性。亞里斯多德認為有兩種主要德性，一種是知的德性，另一種是品格的德性；前者是理性的直接實現，如智慧，後者是人的非理性部分，如情感、欲望和意志等服從理性的指引。我們的理性會提出「適中」為標準，即無過和不及。以用錢為例，揮霍是過度，吝嗇則為不及，慷慨才合乎中道；又如魯莽為過、懦弱為不及，勇敢才是適中。根據這個標準，我們可以列出一系列的德性，凡擁有這些德性的人就是一個幸福的人，幸福的生活蘊涵著快樂，比起從其他活動，如運動和遊戲所得的快樂更為自足和持久。當然，這並不排斥名譽、金錢和地位也能增加我們的快樂，只是這些都不是幸福的必要條件。亞里斯多德的道德理論可歸入目的論，道德的目的就是為了得到幸福。

亞里斯多德認為，倫理學研究的是一個人如何過美好的生活，政治哲學是研究一個社群如何過美好的生活，而個人美好生活的實現是離不開群體的，所以倫理學是政治哲學的一個分支。既然人生的目的是追求幸福（即過著合乎道德的生活），所以亞里斯多德認為，國家成立的目的之一就是幫助其人民達成這個理想；換言之，國家有責任去令其人民成為合乎道德的人。

如果說近代西方人將國家看成「必要的惡」的話，亞里斯多德則將國家視為「必要的善」——國家的成立是好的，因為它能幫助我們過幸福的生活。雖然亞里斯多德主張國家作為一積極的政府，但他並不像柏拉圖般贊成獨裁政治，亞里斯多德推崇的是一種公民政體，在公民政體中，只有公民才有資格參與政事，但跟我們目前的民主政體不同，因為不是所有成年人都具有公民資格，例如：低下層和奴隸就沒有公民資格。亞里斯多德曾批評君主專制很難付諸實現，因為有才幹兼有道德的君主實在難求。至於民主政體，亞里斯多德認為讓所有人有權參與國家大事是荒謬的，因為大多數人是愚蠢的，只有少部分人是有智慧的，訴諸多數決的惡果是有才能的人被埋沒，民眾則被奸詐的人所操縱。所以亞里斯多德寧取其中—公民政體，一種介乎君主專制與民主政體之間的政治制度，不妨說這也是其適中說的應用。

適中說

適中	過	不及
勇敢	魯莽	懦弱
慷慨	揮霍	吝嗇
謙虛	驕傲	自卑
進取	貪心	懶惰
仁慈	溺愛	麻木

亞里斯多德的「適中說」跟儒家的「中庸之道」、佛陀的「中道」頗為相似，就是不走極端，無過或不及。例如，佛陀認為享樂和苦行都是不妥當，應該採取節制的生活。

亞里斯多德的道德教育

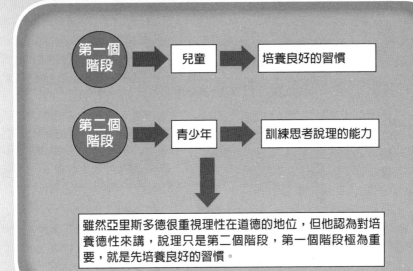

第一個階段 ➡ 兒童 ➡ 培養良好的習慣

第二個階段 ➡ 青少年 ➡ 訓練思考說理的能力

雖然亞里斯多德很重視理性在道德的地位，但他認為對培養德性來講，說理只是第二個階段，第一個階段極為重要，就是先培養良好的習慣。

知識補充站 ★柏拉圖和亞里斯多德的分歧

柏拉圖認為觀念是獨立於個別事物而存在，亞里斯多德則認為觀念是存在於個別事物之中。舉例，「人」這個觀念是不變的，指的就是人的本質是不變，但本質並不是獨立存在，而是存在於個別的人當中，個別的人會死，但人的本質卻不會消失。既然本質是存在於個別事物之中，要認識事物的本質，就必須研究具體事物。

UNIT 2-3
孔子的仁

圖解倫理學

　　孔子的思想是回應春秋的亂局，而他所提出的救世主張，就是重建周禮。孔子認為周禮沒有問題，問題是出自統治階層，只要他們能安於本分，提升道德修養，以身作則，上行下效，社會自然會恢復秩序。孔子的重要性在於進一步探求「禮」的根源，提出了「仁」這個觀念，「禮」就是「仁」的外在表現，正所謂「人而不仁如何禮」，沒有仁，禮只是徒具形式。

　　在《論語》中，「仁」這個字出現的次數很多，但每次都有不同的意思。

　　當然，仁可以看成是一種品德，即仁慈；有時又可以指稱整全的品德，即包含所有品德；也可以了解為人應具備的特性。仁者就是德性充分發展的人，地位高於君子，低於聖人，三者的分別在哪裡呢？子路問君子，孔子答：「修己以敬」，意思是修養道德，表現得恭敬；子路問再進一步是什麼，孔子答：「修己以安人」，把道德修修養好，有利於人民和社會，所謂「仁者安人」，這已是仁者的境界；子路再問更進一步是什麼，孔子答：「修己以安百姓」，那就是有利於天下，有利於所有人，這就是聖人的境界。君子、仁者、聖人，可以看成是道德修養的三個階段。由於仁者和聖人有利於人民，故涉及才能，有德者未必有才；也涉及名位，根據古意，聖人是王者，所以統治者才有條件做聖人，而仁者之所以有利於人民，多數也因為有官位，可以施行仁政。

　　《論語》中有一句很奇怪的話：「子罕言利，與命，與仁。」說孔子少談利益，這沒有問題，因為他主張義利之辨；說孔子少談命，也沒有問題，因為他重視的是現世的努力；但說孔子少談仁，這就有點奇怪。也許可以這樣解釋，孔子很少直接說明仁是什麼，他的回答不過只是對學生的隨機指點。舉例，子貢雖然非常聰明，但為人有些自傲，又經常批評別人，當他問什麼是仁，孔子就回答：「己欲立而立人，己欲達而達人。」其實孔子是想教訓他，既然自己站起來，就得幫助其他人也站起來。

　　由於受孟子「性善論」的影響，今天我們大都將「仁」看作人的本性，但其實孔子並未明確說明人性是什麼。將仁看成是人本性的話，意思就是人的道德自覺心，自覺到要追求正當；用現代的哲學術語來講，仁就是道德主體，每一個人都是道德主體，都有分辨是非善惡及行善去惡的能力。而在孔子回答什麼是「仁」的言談中，有三個比較重要，可視之為仁的主要面向，分別是：「愛人」、「敬」，以及「己所不欲，勿施於人」。

　　儒家所講的愛之中，最重要的當然就是對父母的愛，即是孝。首先發展出來的品德就是孝，但孝只是起點，我們應該將它推廣出去，愛其他人。儒家所講的敬，是指以一種誠懇的態度去做人處事，無論是什麼人，都應尊重，跟康德所講的尊重原則有相似之處。「己所不欲，勿施於人」即是恕，亦即是推己及人，這正是判斷行為對錯的標準。例如，自己不想被人傷害，也不應該傷害別人。「愛」為道德提供動力，「敬」是待人的態度，「恕」則是實踐道德的方法。

仁的不同答案

學生問仁	孔子的答案
子貢	己欲立而立人，己欲達而達人（《論語·雍也》）
顏淵	克己復禮為仁（《論語·顏淵》）
樊遲	愛人（《論語·顏淵》）
樊遲	居處恭，執事敬，與人忠（《論語·子路》）
樊遲	仁者先難而後獲，可謂仁矣（《論語·雍也》）
子張	恭、寬、信、敏、惠（《論語·陽貨》）
司馬牛	仁者，其言也訒（《論語·顏淵》）
仲弓	己所不欲，勿施於人（《論語·顏淵》）

> 樊遲三次問仁，所得的答案都不同，有一說法為這是孔子教學的特色：因材施教。同一個問題，孔子會因應學生的資質和當時的處境，作啟發式的回答。

孔子評價的仁者

微子	是商紂的兄長，屢次勸諫商紂不果，憤而逃回自己的封國。
箕子	是商紂的叔父，因商紂無道，假裝瘋癲被賣作奴隸，後來周武王伐紂成功，向他請教治國之道。
比干	也是商紂的叔父，因進諫而被商紂剖心而死。
伯夷、叔齊	是孤竹國的兩位王子，因不滿周武王推翻商朝，不肯出來做官，寧願餓死，孔子稱之為「求仁得仁」。
管仲	是齊桓公的宰相，以外交手段化解春秋初期的戰爭。

孔子對管仲的評價引來最大的爭議，因為管仲原先是輔助齊國的公子糾，公子糾跟姜小白爭位失敗被殺之後，管仲沒有以死明節，反而助姜小白登位成為齊桓公；但孔子認為管仲協助齊桓公九合諸侯，尊王攘夷，令天下百姓免受戰爭之苦，足以稱為仁者。

UNIT 2-4
老子的無為

圖解倫理學

先秦道家以儒家的反對派出現，老子說：「絕聖棄智，民利百倍；絕仁棄義，民復孝慈；絕巧棄利，盜賊無有。」老子雖然經常批評儒家的仁義，但並非反對道德，所謂「失道而後德，失德而後仁，失仁而後義，失義而後禮」，最高的道德就是「道」，仁義只是次等的道德。

如何得「道」呢？那就要有「無為」的修養。道生萬物，但不會將萬物據為己有、主宰萬物，或居功至上，此所謂「生而不有，為而不持，功而不居」；做人也應該效法「道」，以「無為」為人生追求的目的。老子說：「為道日損，損之又損，以至於無為。」為道的重點在於去除私欲、私念，以達至無執的境界。由此可見，無為不是什麼也不做，而是不妄為，順應自然而成就的精神境界。

但如何達致無為呢？老子的工夫論是「致虛極，守靜篤」，有清淨的心靈才能自定，才能容物而不致偏執。

「無為」雖是形上的境界，但能產生經驗的效果，那就是「無不為」，所謂「無為而無不為」。「無不為」並不是無所不為，或任意妄為，而是指處世和治國的效果。從處世方面講，可以避害脫險、不為物累、全生保真。至於治國，就是「無為而治」，正所謂「我無為而民自化，我好靜而民自正，我無為而民自富，我無欲而民自樸」。從老子的角度看，有為而治必會增加政府的權力，權力固然會容易令人腐化，權力過大亦會限制民間的自然生機，扭曲人的質樸本性。

「無為而治」之下還有三個原則，就是「不尚賢」、「不貴難得之貨」及「不見可欲」。孟子「尊賢」，墨子「尚賢」，招攬賢能之士有什麼問題呢？因為尚賢會令人爭做賢者，引起爭奪，甚至會弄虛作假。不貴難得之貨，就是不推崇珍貴的物品，因為這會惹來盜賊。不見可欲，就是不要引發人的貪欲。統治者其實是人民的榜樣，統治者寡欲，人民自然會寡欲。

老子的「無為而治」是一種低度政府，政府不要對人民太多干涉，也不要標榜什麼。其理想社會是「小國寡民」，是一個純樸的社會，國土少，人民也少，沒有戰爭，人人各安其位，生活簡單而快樂，無需遷徙。這個無為而治的理想社會其實就是上古的原始社會，老子崇尚嬰兒，原始社會正是人類文明的「嬰兒期」。但原始社會真的那麼好嗎？發展就一定不好嗎？經濟貧乏、物質短缺，即使沒有戰爭，總會遇上天災，老子不過是將上古社會理想化。事實上，我們不可能回到原始社會，也不可能不依賴科技。當然，道家所主張的儉樸、寡欲和退讓，在當代仍有它的存在價值，正好對治今天消費主義和科技至上的心態。

🖥 小博士解說

老子的無為思想是一種寬裕的哲學境界，但相對於儒家來說，就不是那麼積極進取，甚至會招致「懶惰」的批評。不過，老子的「懶」也是一種慧見，現代人拚命追求幸福，結果卻變成不幸；不斷學習，卻知道太多無謂的東西，也是不幸。

仁義的問題

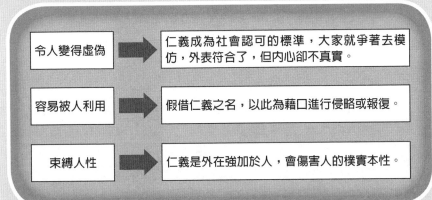

令人變得虛偽 ➡	仁義成為社會認可的標準,大家就爭著去模仿,外表符合了,但內心卻不真實。
容易被人利用 ➡	假借仁義之名,以此為藉口進行侵略或報復。
束縛人性 ➡	仁義是外在強加於人,會傷害人的樸實本性。

老子三寶

老子也重視德性的培養,不過講的是一組有別於儒家強調人倫秩序的品德。老子主張三種德性,稱為老子三寶,分別是「慈」、「儉」及「不敢為天下先」。

慈	對人關懷。老子說:「慈故能勇」,慈愛的母親,勇於保護她的兒女。
儉	即是節儉,是待物的態度。老子說:「儉故能廣」,如果每個人都珍惜資源,則大家可以共享這些資源。
不敢為天下先	不爭或謙讓。老子說:「不敢為天下先,故能成器長」,不敢居於天下之先的人,才能真正成為領導者。

 ★何謂「道」?

「道」是萬物的根源,用西方的哲學術語講,道就是本體,「獨立而不改,周行而不殆」,即獨立自存,且永恆不變。道也是萬物運行的規律,正所謂「反者,道之動」。「反」有兩個意思:❶相反相成,事物以其反面為存在條件,❷事物會向其反面轉化;前者指出事物的相對性,後者顯示事物的無常性。既然事物是無常的和相對的,做人就不要沉溺於經驗世界的事物,執著於此只會為自己帶來不安和痛苦。

UNIT 2-5
墨子的兼愛

圖解倫理學

墨子是儒家的第一個反對者，據說他早年學習儒家，但後來不滿儒家而提出自己的主張。孔子維護的是傳統的禮制，墨子則站在平民的立場，提出他的主張，他指出當時民有三患：「飢者不得食、寒者不得衣、勞者不得息」，而他的十大主張：「兼愛、天志、尚同、尚賢、非攻、明鬼、非樂、節用、節葬、非命」，就是為了解決這些問題，其中以兼愛為最基本和重要。

墨子認為當時社會動亂的主要原因是「虧人以自利」，人人都為了自身的利益而傷害其他人。針對這個問題，墨子提出了「兼愛」的主張，如果人人都能夠相愛，國與國就不會相爭，人與人也不會相害。墨子認為，戰爭帶來破壞，對誰都沒有好處，即使戰勝，也要附上沉重的代價，實際無利可圖，由此引出其「非攻」的主張，反對侵略性的戰爭。

戰爭只會帶來傷害；相反地，相愛能帶來大家共同的利益，此乃「兼相愛，交互利」。你愛人，人也會愛人；你幫人，人也會幫你。兼愛能帶來公利，這是合乎義，此即「義，利也」，帶來大眾利益的行為就是對的。墨子以利來界定義，又追求全天下人的利益，此所謂「興天下之利，除天下之害」，這跟西方的功利主義有相似的地方。判斷合乎義的標準雖然是大眾的利益，但並不是義的根據，義的根據是天，此所謂「義出於天」。墨子認為有一個有意志的「天」，類似於西方「人格神」的觀念，天是一切價值標準的根據，並能對人施以賞罰。而在這個天面前，人人一律平等，無所謂親疏之分，故人必須「兼愛」，以符合天意。除了天之外，鬼神也會監察人的行為，負責賞善罰惡的工作，所以我們必須「明鬼」，知道鬼神的存在。墨子的「兼愛」跟耶穌的「博愛」十分接近，而墨子的救世精神也跟耶穌相似，由此可見墨家的宗教色彩。

愛可以分很多種，有親人之愛，有朋友之愛，有戀人之愛，甚至有對自然之愛和國家之愛，而我認為墨子所展示的兼愛是一種最高層次的愛，姑且稱之為上帝之愛。上帝之愛是一種無條件的給予，就像母愛，但母親只對自己的子女給予無條件的愛，所以還是有條件的；上帝則對所有人給予無條件的愛，也可以說，上帝之愛是一種無私的愛，亦是一種完全投入的愛。墨子身體力行，為阻止戰爭而孤身犯險，例如：有一次墨子知道楚要攻打宋，就連夜走了十天，由魯國趕到楚國，要說服楚王放棄攻宋。又跟公輸般演示攻防之戰，公輸般攻了九次，都被墨子擊退，公輸般的最後一著就是殺了墨子，但墨子早就預料有此一著，所以出發前已吩咐禽滑釐帶領弟子三百人到宋國防守，楚王見沒有取勝的把握，就放棄了攻宋。墨子為自己毫不相識的人隨時準備犧牲自己的生命，正是這種愛的表現，其捨身精神足以媲美耶穌。可是，這種愛並不容易實踐，普通人根本不能企盼，這也可能是後來墨學式微的原因之一。

兼愛的根據和作用

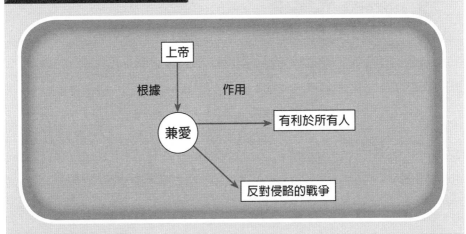

兼愛與仁愛

兼愛	仁愛
對人施予平等的愛	對人施予差等的愛
符合上帝的意旨	是人內在的要求
為所有人帶來利益	為禮（社會秩序）提供理根據

 ★墨家學派

墨家不但是一門學派，也是一個嚴密的組織，成員要遵守組織的規矩和首領的命令。組織會派弟子到各國任官，宣揚墨家的主張，但如果違反了墨家的教誨，就會被撤職召回。這也是一個武裝組織，目的就是阻止侵略性的戰爭，古今中外，可謂絕無僅有。秦統一天下，沒有了戰爭，墨家也失去了存在的意義，最後消失。但墨家以武力打抱不平的精神，形成了日後的遊俠傳統，而嚴密的組織則為後來的幫會效法。

UNIT 2-6
孟子的性善論

性善論是儒家的理論基礎，但最先提出這個主張的卻不是孔子，而是孟子。孔子只是提出了「仁」的觀念，孟子則進一步說明這是人的獨有性質：「人之所以異於禽獸者幾希，庶民去之，君子存之。」人跟其他動物不同之處其實很微小，這種獨有的性質就是人向善的能力，也是判別是非善惡的能力，故稱這種「性」為「善」。

孟子用「孺子將入於井」這個例子來證明仁心的存在，當我們看見小孩將墜入井之際，就會生起惻隱之心，不忍心這件事發生，並不是要得到他人的讚賞，也不是為了結交小孩的父母，更不是憎惡小孩的呼喊聲。在這種情況下，我們就能體驗到跟個人苦樂、利害無關的「惻隱之心」。當我們違背了惻隱之心去作惡，就會感到羞愧，這是「羞惡之心」；肯定由惻隱之心而來的行為，就有「是非之心」；能與人感通，恭敬待人，就是「辭讓之心」。惻隱、羞惡、辭讓和是非之心其實都是「仁心」的不同表現，但它們只是善端，要加以培養才可成就「仁」、「義」、「禮」、「智」四種德性。

向善是人的內在要求，正如孔子所說，「我欲仁，斯仁至矣」，我認為儒家能講出道德的精要，那就是自主性，只要由自己主宰，才算是人的真正本性。比如說我要追求名利財富，即使很努力，卻不是我完全可以主宰的，因為有很多外在因素的影響；但道德實踐就不同，當然也會遇上困難，不過這些困難都是內在的，如人的欲望或意志，原則上人可以憑自己的努力去克服。

如何提升人這種向善的本性呢？孟子主張「養心」，這就是孟子的工夫論。心即是人的道德自覺心，能夠明辨是非，養心就是保持此心不受私欲所蒙蔽，孟子講的「求其放心」就是要將走失的本心找回來。這並不表示欲望本身是惡，然而欲望太多，不能節制，就會容易傷害他人，所以養心的方法就是寡欲。不但要養心，還要將心擴充，正如前面所說，四端必須擴充才能成就四種德性；所謂「老吾老以及人之老」，「幼吾幼以及人之幼」，也就是將心擴充，將愛推廣出去。

將心擴充有兩個方法，一個是「養氣」，氣是人的自然生命，也是力量的泉源，如果人能夠心志堅定，就可帶動氣，產生力量，養氣就是將這股自然之氣，轉化為孟子講的「浩然之氣」，亦即是儒家所謂「變化氣質」。另一個方法是「知言」，意思是善於分析別人的言論，對不合理的言辭（詖辭、淫辭、邪辭、遁辭）加以批判，指出其錯誤的地方（蔽、陷、離、窮），知言可以正心。

孟子說：「盡其心者，知其性也，知其性，則知天矣。」意思是將心擴充就可知道人的本性，知道人的本性就可知道天道，天道即萬物的本源。換言之，人通過道德實踐，可以體驗超越的天道，這就是儒家所講的「天人合一」。所以有人將儒家思想稱為「道德形上學」，即通過道德實踐達致形而上的境界，跟康德所講由道德通向本體有相似之處。

孟子人生修養的六種境界

❶ 可欲之謂善	➡	心的可欲對象是義理
❷ 有諸己之謂信	➡	實踐義理，成為一個正直的人
❸ 充實之謂美	➡	人格充分發展就是美
❹ 充實而有光輝之謂大	➡	發出人格光輝，照耀別人
❺ 大而化之謂聖	➡	感化別人者是為聖人
❻ 聖而不可知之謂神	➡	聖到不可思議就是神

孟子的工夫論

養氣（將自然之氣轉化）

言行要符合義務和正道，產生出浩然之氣

知言（批評不合理的言論）

批評詖辭、淫辭、邪辭、遁辭，指出其蔽、陷、離、窮之錯誤，收正心之效

心的擴充

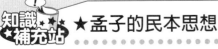

知識補充站 ★孟子的民本思想

孟子的民本思想是繼承《書經》，天意是由民意來顯現，君主有德行，施仁政，人民才會擁戴；反之則會失去民心，亦即失去天命，喪失統治權。所以為君者必須以民為本，為人民謀幸福。孟子還訂下一些具體標準：五十歲以上的人有棉襖穿，七十歲以上的人有肉食；年老失去妻子、丈夫或子女的人，以及年少失去父母的人，都得到照顧。

UNIT 2-7
《中庸》的誠

圖解倫理學

　　《中庸》相傳為孔子的孫子——子思所作，但學者普遍認為這是集體創作，應該是子思及其後學的作品。《中庸》為儒家提供本體論和宇宙論的思想，探討天人的關係，也進一步交待了人性的來源，及提出「誠」的工夫論，而《中庸》的獨特之處正是以「誠」來貫穿儒家的思想。

　　孔子說：「中庸之為德也，其至矣乎，民鮮久矣。」孔子認為「中庸」是最高的道德，但已經很久沒有人達到這個標準。因為聰明人將道看得太高遠，不甘於平常，常常做得太過；愚蠢的人則不明白，無法在日常生活實踐。但「中庸」究竟是什麼意思呢？中是無過和不及，恰於其分，庸就是平常；換言之，中庸就是常人實踐之道，不會陳義過高。《易傳》說真理必定是簡易的，即簡單明白，易於遵從；而《中庸》所講的「誠」，正符合了簡易的原則。誠是修養的工夫，除了「不欺人」之外，更重要的是「不自欺」，不自欺才可以認識真實的自己，明白向善的本性，也能認知自己品德上的缺點和不足，作出改進。

　　《中庸》說：「誠者，天之道，思誠者，人之道也。」第一個誠是指真實，意思為天道是真實的；第二個誠是指修養工夫，意思是實踐誠就是做人的正確之道。由此可見，「誠」可以貫通天人，達致天人合一。誠不但是貫通天人的法門，也是由內聖到外王的途徑，《中庸》所講的「成己，仁也」是內聖，而「成物，知也」則接通外王，「成物」就是「盡物之性」，即是利用物質來改善人的生活，知識的重要性就在這裡。而《大學》所講的「八條

目」，清楚說明內聖外王的次第，其中「誠意」一項，正是《中庸》所講的「誠」。在「八條目」中，「誠意」上接「格物，致知」，下開「正心，修身，齊家，治國，平天下」，具有關鍵的地位。

　　如何做到真誠、不自欺呢？就需要「博學之、審問之、慎思之、明辨之及篤行之」。博學即是廣泛學習，審問是深入研究，慎思是認真思考，明辨是分辨清楚，篤行則是堅持實踐。「學、問、思、辨」四者都屬於「知」的工夫，加上「篤行」，就是「知行合一」。

　　道家認為人性是自然樸實，不需要刻意，而仁義就是造作，從外強加於人，傷害人的本性。從儒家的立場看，仁義是內在的，是人的真實本性，仁是愛心，義是責任，仁義需要表達，所以才有禮樂。什麼才是人的本性呢？這是一個可以永遠討論的哲學問題。公平地講，雖然仁義會產生虛偽和被人利用等問題，但儒家強調的正是內心的真誠，而《中庸》講的「誠」也正好回應道家對儒家的批評。

　　或者可用孔子的話來調和儒道兩家之爭者，孔子說：「質勝文則野，文勝質則史；文質彬彬，然後君子。」質是指人的樸實之性，類似道家所講人的本性；文是文化，儒家的禮樂就是文化；「質勝文則野」指的是文化太少，像原始人般生活，就會落後和野蠻。但文化太多，亦會掩蓋人的本質，令人太造作，所以兩者要保持平衡。而「誠」正好對應道家所講的樸實之性，有平衡人為造作的功能。

誠貫穿儒家思想

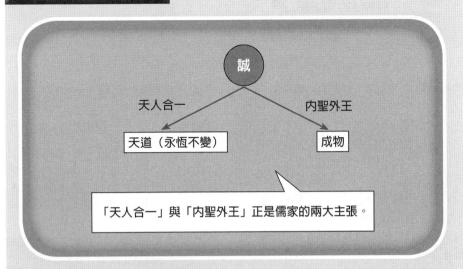

誠

天人合一　　　　　　　　內聖外王

天道（永恆不變）　　　　　　成物

「天人合一」與「內聖外王」正是儒家的兩大主張。

儒家天道觀的發展

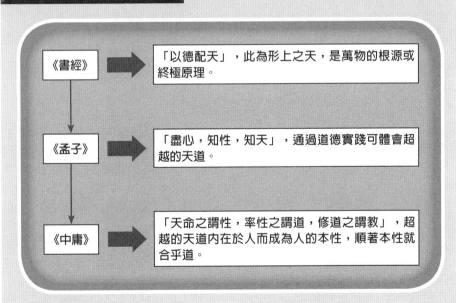

《書經》 ➡ 「以德配天」，此為形上之天，是萬物的根源或終極原理。

《孟子》 ➡ 「盡心，知性，知天」，通過道德實踐可體會超越的天道。

《中庸》 ➡ 「天命之謂性，率性之謂道，修道之謂教」，超越的天道內在於人而成為人的本性，順著本性就合乎道。

知識補充站　★四書

《中庸》和《大學》原是收錄在《禮記》的兩篇文章，宋儒朱熹將它們跟《論語》和《孟子》編在一起，稱為「四書」，從此成為儒家的經典，也是後來科舉考試的內容。我認為，《中庸》和《大學》的重點在於：總結儒家的「內聖外王」之道。

UNIT 2-8
荀子的性惡論

圖解倫理學

　　很多人以為荀子的性惡論跟孟子的性善論對立，其實是誤解。雖然荀子所講的性是指人與生俱來的性質，包括人的欲望本能，但荀子並沒有說欲望本能就是惡。荀子說：「人生而有欲，欲而不得，則不能無求；求而無度量分界，則不能不爭，爭則亂，亂則窮。」若順著人的欲望本能去滿足，而不加以節制，就會引起爭奪（因為資源有限），最後導致混亂和傷害，這種後果才是惡。所以，荀子說「人性惡」並不嚴謹，比較準確的說法是人性傾向於惡。

　　如果人性是傾向於惡，那麼，如何令人去惡從善呢？荀子說：「人之性惡，其善者偽也。」偽即人為，善是可以通過學習而得來，但學習什麼呢？那就是禮。荀子說：「先王惡其亂也，故制禮義以分之，以養人之欲，給人之求。」禮是聖人創造出來，用來定尊卑貴賤，據此來分配有限的資源，節制人的欲望，人通過學習禮就可以「化性起偽」。

　　然而，人如何認識禮所包含的道德義理呢？荀子提出心的主張，但此心不同於孟子所講的心。孟子的心（惻隱、羞惡、辭讓、是非）內含道德義理，可稱為道德主體；而荀子講的心則純粹是認知性和抉擇性，能認知道德義理，並能作道德抉擇，但並非道德主體。荀子強調虛壹而靜的修養工夫，目的就是要培養心的清明，提升心專注和判斷的能力。

　　荀子講的禮跟孔子的禮有一個主要分別，就是荀子的著眼點在於「防止惡」，所以他講的禮帶有強制性；而孔子則著重人的自覺性，所謂「克己復禮」，強調的正是人的自律性。另外，荀子重視的是禮作為一種制度的意義，而不像孔子那樣強調周禮的內容。

　　除了禮之外，荀子也注重法，法同樣是維持社會秩序的方法。禮注重的是差異性，即不同身分地位的人有不同的規範要遵守；而法則強調平等性，即所有人必須遵守，所謂「天子犯法與庶民同罪」也是這個意思。在上古的社會，有所謂「禮不下庶人，刑不上大夫」的說法，可見禮主要用來規範貴族，刑則用來管治平民。但到了春秋戰國，社會結構轉變，社會階級流動頻繁，城市壯大，要管理來自不同地方的龐大人口，實需要有普遍性的「法」，法雖是出於刑，但對象已不限於平民，也包括貴族。

　　荀子能正視人的欲望本能，重視防止惡的出現，方法是用禮法去規範人的欲望，荀子的主張跟後來的西方思想家霍布斯相似。但荀子所講的欲望只是物質方面，未免過於簡單，物質的欲望可以歸類為利欲，除此之外，人還有名欲和權力欲，名欲才是人類最深層的欲望，我們有千古留名，卻沒有千古留財或千古留權。我認為權力欲本質上「惡」的成分最重，因為權力欲正是對人的支配和控制，滿足名利欲不一定會傷害人，但滿足權力欲就難免要操控人。

性善論與性惡論

	荀子	孟子
人性	與生俱來的性質，任由欲望本能膨脹，就會產生惡	獨有性質，指道德自覺心，此乃人的善端
修行	學習禮，用心去認識道德義理	培養道德自覺心，成就品德
心	認知主體	道德主體

荀子的禮與法

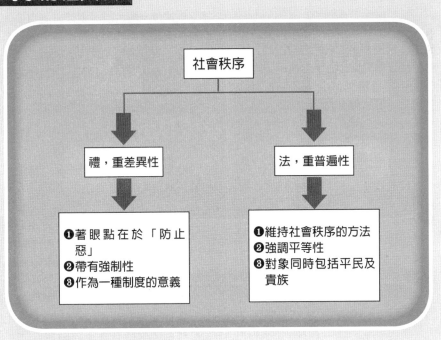

社會秩序

禮，重差異性
❶著眼點在於「防止惡」
❷帶有強制性
❸作為一種制度的意義

法，重普遍性
❶維持社會秩序的方法
❷強調平等性
❸對象同時包括平民及貴族

知識補充站 ★荀子與〈學記〉

荀子重視學習，有〈勸學〉篇，對〈學記〉有重要影響。〈學記〉論「學」有三處較為重要。第一，〈學記〉說：「玉不琢，不成器」，即強調後天學習及磨練的重要性，荀子也說：「人之於文學也，猶玉之於琢磨也」。第二，〈學記〉說：「安其學而親其師，樂其友而信其道」，強調的是跟師友學習的重要性，荀子也說：「學莫便乎近其人」及「隆師而親友」。第三，〈學記〉說：「知類通達」，即思辨和貫通的能力，兩者對學習都非常重要，跟荀子講的「知通統類」差不多。

UNIT **2-9** 霍布斯的契約論

圖解倫理學

霍布斯是十六世紀末的英國哲學家，代表作有《利維坦》，這本書主要分為兩部分，第一部分是討論人性，第二部分是討論國家的本性。霍布斯是自然主義者，採用科學實證的進路，即從現實對人的觀察中建立自己的理論。他認為人是受欲望所驅使，雖然欲望的滿足會帶來快樂，但不同於功利主義，他並不是從行為的後果去定義善惡，他認為善惡是由自然欲望來定義。一般認為人有意志，可以控制自己的欲望；但霍布斯反對這種說法，他認為意志不過是人用理性考慮行為的各種後果之後所出現的愛惡。但這樣說，善惡不就是相對的嗎？因為滿足你自然欲望的行為，對我來說可能是一種傷害，又如何解決人與人之間的欲望衝突呢？

霍布斯將未有國家和社會之前的狀態稱為「自然境況」，在自然境況中，由於人的欲望無窮，資源卻有限，人為了爭奪資源，只會處於各自為敵的戰爭狀態。在這種狀態下，固然沒有所謂道德或不道德，也沒有法律，人只是根據自己的欲望行事；但人卻要活在恐懼、孤獨、貧困的原始狀態中。幸好，除了自然欲望之外，人還有理性，所以人會思考，找出滿足欲望的最好方法，為了脫離這種對所有人都不利的原始狀態，為了實現更多的欲望，為了長遠的利益，人必須互相合作，建立社會，遵守某些規則，這就是道德的來源。

首先，霍布斯說人會訂立一些自然法，總共有19條，那就是道德和法律的基礎，其中最重要的是前三條。第一條自然法的要點是人應該努力達致和平，因為只有在和平的環境下，人才可免於暴力的傷害，這樣就有合作的

條件。第二條自然法說明為了達致和平，人會協議放棄為所欲為的自由。第三條自然法說明人必須遵守訂定的契約，這就是道德的基礎。我們可以將第三條自然法看成是道德原則，至於第三條之後的自然法，就是一些具體的道德規則。國家成立的主要目的，就是要使契約生效，因為沒有制裁違反道德或法律的人，契約就沒有實質意義。

根據以上的分析，道德有著重要的功能，就是維持社會的秩序。正如霍布斯所言，沒有道德的規範，人就會在自然狀態中互相爭奪和殺害，這對誰都沒有好處。於是人會運用理性，訂下一些協議，這就是道德的規範，讓大家在安全的環境下互相合作，實現個人的更大利益，所以道德的根據就是契約。

但問題是，如果道德只是一種協議，真正的目的是自利的話；那麼當我們違反道德可以獲得更大的利益，又確保沒有被人發現的話，我們為什麼還要遵守道德呢？就像柏拉圖《理想國》中牧羊人的故事，牧羊人無意中得到一只可以令人隱形的指環，於是就起了惡念，利用指環的力量，引誘皇后，謀害國王，奪取其王位。人的本性是自私自利，由於有外在的制裁，才不敢妄動；然而，一旦有方法避開制裁的話，人的欲望就會爆發。

雖然很多人會認同霍布斯對道德的解釋，而事實上道德也有維持社會秩序的功能；但如果道德只是一種實現個人利益的工具，就不能解釋那些捨己為人的行為，我們也不會讚賞這些行為。由此可見，道德除了維持社會秩序之外，還有更積極的意義。

霍布斯與洛克理論的比較

	霍布斯	洛克
自然狀態	人處於戰爭的狀態，有為所欲為的自由	人享有上帝賦予的基本權利，有權懲罰侵害自己權利的人
道德的根據	來自自然法，目的是自利，道德只是契約的產物	來自上帝，履行責任
國家成立的理據	人訂立自然法，賦予國家權力，制裁違反道德和法律的人	我們將懲罰權轉讓給國家，讓國家保障我們的基本權利
國家體制	贊成君主制，反對君權神授	贊成民主制，反對君權神授

霍布斯的自然法（第一至第九條）

	要點
第一條	努力實現和平
第二條	協議放棄為所欲為的自由
第三條	必須遵守訂定的契約
第四條	不要以怨報德
第五條	要合群
第六條	要寬恕悔改者
第七條	懲罰不是為了報復
第八條	不要輕視人或仇恨人
第九條	要接受人生而平等

 ★自然主義

近代的自然科學興起於十六和十七世紀，哥白尼、克卜勒、伽利略和牛頓都是這個時代的人。由於自然科學的巨大成就，就連哲學界和文化界都受到它的影響，形成了自然主義的思潮，很多哲學家都想用自然科學的方法來探究人性，霍布斯和休姆就是其中的佼佼者。自然主義跟哲學中原本存在的經驗主義十分接近，兩者的主要分別為：經驗主義是知識論的分類，而自然主義則是形上學的分類；自然主義不會用超驗的東西，如形上學或上帝來解釋現象，但經驗主義並不一定排斥超驗的東西。

UNIT 2-10
洛克的權利論

沒有人願意失去自由，或者被人強迫做自己不願意的事，而且每個人都渴望追求自己的人生目標。自古至今，自由都是人類所追求的重要價值之一。不過，將自由視為權利來爭取，卻只有三百多年的歷史，這就是自由主義的思想。

洛克不但是英國經驗主義的始祖，也是自由主義的奠基者，更是一個非常重要的政治改革家。西方這三百年來的政治發展，都是受洛克的權利思想所影響，不單英國的光榮革命（1688年）和稍後通過的權利法案，就連美國的獨立革命（1776年）和法國大革命（1789年）都深受洛克的影響。洛克在《政府二論》一書中主張人人生而平等，上帝為了使人實踐責任，賦予人類三種基本權利，那就是「生命」、「自由」和「財產」，這些權利既不可以轉讓，也不可以被奪走。當有人侵犯我們這些基本權利時，人就有權去追討及懲罰侵犯者，但若每一次都要親力親為去維護自己的權利就會費時失事，於是我們將這個權力轉讓給政府，讓政府執行懲罰。換言之，政府的責任在於保障人民的基本權利，這也是政府成立的理據。但洛克卻稱政府或國家為「必要的惡」，因為政府權力越大，就越有機會傷害我們的基本權利，所以我們必須限制政府的權力。為了限制政府的權力，洛克主張三權（立法、行政、外交）分立，讓三者互相制衡（後來法國哲學家孟德斯鳩所講的三權分立是立法、行政和司法）。自由主義者大都贊成民主政治，因為在這種政治制度中，人民有權參與法律的制訂，有權投票選舉統治者，這樣就更有效保障我們的基本權利。

洛克用上帝的旨意來證立基本權利，對於非教徒來說，這種說法實有欠說服力，後來啟蒙運動的哲學家為擺脫權利的宗教色彩，代之以自然權利，意思是基本權利是與生俱來的，不是上帝，也不是國家所給予，法國大革命的《人權及公民權宣言》就用了自然權利這個稱號。說權利與生俱來就是將它看成事實判斷，但「人有基本權利」的真正意思是「人應該擁有基本權利」，是價值判斷，沒有任何經驗證據證明它是真或假，我們必須提出理由來支持或反對，它本身並非不證自明，所以自然權利的說法是混淆了事實判斷和價值判斷（可參考「事實與價值」那一篇）。二十世紀對權利的理據又有不同的看法，在聯合國的〈世界人權宣言〉中，已沒有自然權利的這個名稱，改以「人權」稱之，它的根據就是人的尊嚴（可將人權宣言第1條解釋為這個意思），人權正是尊嚴得到保障的必要的條件。為什麼人權可以保障人的尊嚴呢？因為權利是一種「合理的索取」，擁有權利的是索取的一方，被索取的一方就必須有某種義務。以「生命權利」為例，如果我擁有生命權利的話，其他人就有義務不傷害我的生命；有了言論自由的權利，以言入罪和文字獄也不會歷史重演。

消極權利和積極權利

權利	義務	例子（受教育的權利）
消極權利	所有人有義務不做某行為	如果父母阻止子女上學，就是侵犯了他的權利。
積極權利	有人有義務做某行為	如果政府不能提供讀書的機會，我們就可以譴責政府。

基本權利與人權

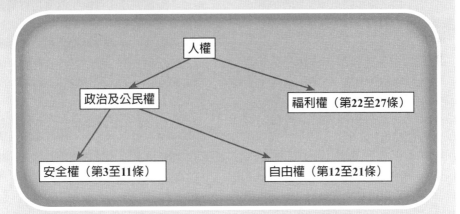

人權

政治及公民權

福利權（第22至27條）

安全權（第3至11條）

自由權（第12至21條）

知識補充站 ★人權宣言中的基本權利與人權

聯合國在1984年發表人權宣言，其中安全權和自由權就是洛克所講的三種基本權利及其延伸，例如：安全權就包括了生命權（第3條）、不被奴役權（第4條）、不被待及刑訊權（第5條）、充分受法律保障及公正審訊權（第6至11條）。福利權來自社會主義，包括醫療、教育、職業、住屋等；但我認為人應該憑自己的努力去爭取社會利益，所以不應將「福利」視為人權（除了受教育權利之外）。

UNIT 2-11
休姆的情感論

圖解倫理學

休姆跟霍布斯一樣，都是嘗試用科學方法來研究人性，他的名著《人性論》就是通過實證的方法，有系統地探討人的知性、情感和行為之間的關係。休姆發現，理性不能產生行動，行為的動力是我們的欲望和情感，道德行為也一樣。換言之，道德的根源不是理性。休姆這個發現的確有異於西方的傳統哲學，柏拉圖和亞里斯多德都強調理性能指導我們的行為，欲望和情感都要受到理性的控制。

休姆指出，理性的功能在於分辨真假，給予我們知識，但不能產生行動。雖然產生行為的是欲望和情感，但並不表示理性跟我們的行動毫無關係，理性能告知我們欲望的對象是否存在，引起我們的欲望；理性又可以告知我們採取什麼手段來滿足我們的欲望。換言之，情感給予目標，理性提供手段，難怪休姆說：「理性是情感的奴隸」。所以，休姆認為用理性控制情感的想法是錯誤的，而理性和情感也不是對立的關係，跟情感對立的是另一種相反的情感。情感或行為也無謂合理或不合理，只有判斷才有合理或不合理之分。當我們說一個行為不合理時，其真正意思不是指行為本身，而是指行為伴隨著錯誤的信念或判斷，例如：捕捉水中月。

休姆指出，心靈的對象是知覺，知覺有兩種，一種是印象，另一種是觀念，例如：我看見一張椅子，這個視覺經驗就是印象，當我事後回想這張椅子時，這就是觀念。印象是直接的感受，鮮明而生動，而觀念則是記憶、想像和認知的對象，較為模糊和呆板。印象又可分為兩種，一種是感官經驗，另一種是情感，包括憤怒、喜愛、憎恨和嫉妒等等。休姆發現，我們作道德判斷時，總伴隨著某種感受，道德行為令我們有一種快樂的感受；不道德行為令我們有一種厭惡感。這種感受是超越個人的利害，休姆稱之為「道德感」，它便是產生道德行為的根源。道德的根據就是道德感，而道德判斷也就是這種情感的表達。

休姆認為，我們所讚賞的道德行為可以分成三種，第一種是對社會有利，如守法和公正；第二種是對個人有利，如節儉和勤奮；第三種不一定對個人和社會有利，但當下能使人喜悅，如幽默和莊重。第一類占大多數，也即是說，人在心理結構上，天生會關心其他人的利益，休姆稱之為「同情心」，跟儒家所講的惻隱之心差不多。

不過，休姆告訴我們，同情心只表示我們會關懷其他人，但不會關懷他人多於自己。道德感與其他自然欲望一樣，都是我們行為的原動力，但當道德感比起其他自然欲望，它的力量是少得多。兩者出現衝突的時候，為什麼應順從道德感而抑壓自然欲望呢？對於這個問題，休姆並沒有回答，因為他旨在作客觀的研究，探討推動道德行為的力量。至於道德感與自然欲望有所衝突時，人是否應順從道德感而抑壓自然欲望，則是一個價值的問題。在這裡，他嚴守自己所提出的事實和價值之區分。

休姆與康德

	休姆	康德
學派	經驗主義	理性主義
理性	只能為情感服務	道德的根據
道德感	道德的根據	是理性影響情感而形成，因人而異，沒有普遍性

休姆的知識論

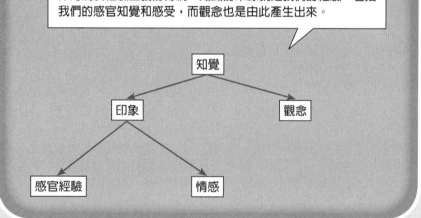

休姆屬於經驗主義的傳統，知識的來源就是我們的經驗，包括我們的感官知覺和感受，而觀念也是由此產生出來。

知覺
印象　　觀念
感官經驗　　情感

 ★休姆的影響

休姆在哲學上有兩個主要的影響，一個是提出「事實」和「價值」的區分，由「實然」推論不出「應然」，對二十世紀的後設倫理學有很大的影響；另一個是其道德情感論，間接催生出二十世紀初的情緒主義倫理學。情緒主義認為道德語句只是情感的抒發，根本沒有真假可言，是一種道德主觀主義。

UNIT 2-12
利己主義

利己主義主要分為兩種：心理利己主義和倫理利己主義。嚴格來說，心理利己主義不算是倫理學說，因為它旨在描述事實，宣稱人的一切自願性行為都是利己的，動機是為了滿足自己的欲望，表面上是利他的行為，實際也是為了實現自己的意願。例如，幫助人，動機可能是為了將來的回報，或者是為了得到稱讚，又或是不幫助人的話，內心會感到不安；總言之，幫人不是無私，而是為了自己。問題是，這種理論將通常叫做無私或利他的行為都說成是利己，其實是改變了「利己」的意思，而「一切自願性行為都是利己的」，不過是毫無經驗內容的分析命題，違背了它作為一種經驗學說的宣稱。

倫理利己主義有很多不同的版本，它們共同的地方在於，增進自己利益的行為就是對的，傷害自己利益的行為就是錯的。但很多人誤解了利己主義，以為它主張自私，自私是指凡事只考慮自己的利益，不理會其他人的利益，甚至傷害他人的利益；然而，自利不一定是自私的。中國先秦時的楊朱思想就是一種利己主義，孟子批評楊朱「拔一毛而利天下，不為也」，是一個極端的自利者。

如果利己主義要成為一個合法的道德理論，它必須從利己的角度去說明道德的價值和意義。利己主義主張每個人都應該提升自己的利益，當有利益衝突的時候如何排解呢？雖然利己主義者只是考慮自己的利益，但通常都會遵守社會的道德規範，因為不遵守的話會受到懲罰，這反而傷害自己的利益。損人利己的行為只能得到短暫的利益，並不合乎個人的長遠利益，霍布斯的理論就是一個好例子。

當然，道德也可以帶來正面的利益，例如：我們常說誠實是最好的策略，因為誠實可以得到別人的信任，對自己有利。利己主義亦會贊成某些利他的行為，因為這些行為也可帶來人的長遠利益。若是完全無私的利他行為，甚至犧牲自己的生命，從利己的角度，可以判定為非理性或愚蠢，但這卻嚴重違反一般人的道德意識，由此可見，利己主義不能充分說明道德的價值。不過，哲學家蘭德並不認同一般人的道德意識，她甚至主張自私是一種德行，利他反而是一種惡，她認為追求自己的幸福是最高的道德目的，而利他主張犧牲自己，是有損這種目的的實現。犧牲自己的利他行為只是一種超義務，雖然有道德價值，但並沒有規範性，蘭德只不過是誇大了人生目的實現和道德兩者之間的衝突。

雖然作為道德理論，利己主義並不勝任，但作為一種人生哲學，利己主義的確有很大的說服力。然而，真正的利己主義者是不會提出利己主義的主張，因為主張人人都應該追求個人的利益，這就必然導致大家在利益上的衝突，不利於利己主義者追求自己的利益。

利己主義的分類

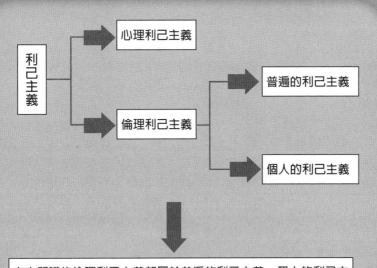

利己主義

→ 心理利己主義

→ 倫理利己主義 → 普遍的利己主義

→ 個人的利己主義

內文所講的倫理利己主義都屬於普遍的利己主義，個人的利己主義比較特別，它主張每個人都應該為「我」的利益服務，這個「我」可以代入任何人；換言之，每一個人都應該為每一個人的利益服務，這近乎自我推翻，除非每一個人的利益都一致，但這根本不可能。

知識補充站 ★伊比鳩魯的欲望分類

伊比鳩魯是古希臘哲學家，其思想也可以歸類為利己主義。伊比鳩魯認為人生目的是追求快樂、避開痛苦。雖然欲望的滿足能帶來快樂，但欲望得不到滿足，反而會帶來更大的痛苦。所以，伊比鳩魯認為我們應該控制欲望，保持在自然和必需這個水平，追求心靈的平靜，那才是真正持久的快樂。而個人的德性（例如：節制、思慮、正義等）和友誼，都有助於我們去維持這種精神生活。

追求心靈的平靜，才是真正持久的快樂。

	自然	非自然
必需	食欲	
不是必需	性欲	權力和地位（從社會中學習得來）

UNIT 2-13
功利主義

功利主義是現代西方社會的主流思想，連同自由主義，是現代西方文化的兩條思想支柱。功利主義興起於十八世紀的英國，創始人是邊沁，彌爾則是最重要的繼承者。在道德理論的分類中，功利主義屬於後果論。後果論認為，道德就是為了帶來好的後果，令我們生活得更加美好。邊沁積極應用功利主義來改變當時英國的法律和政治制度，他創辦了倫敦學院，倫敦學院是第一所接受女性、猶太人、異見分子等學生的大學，為改變社會的不公平作出實質的貢獻。

功利主義所講的後果是「所有人的快樂」，可能由於「功利」這個翻譯的關係，令不少人誤解了功利主義，以為功利主義只追求個人的快樂，不顧他人的利益；事實上，功利主義認為每一個人的快樂都有同等的價值，要平等對待，功利主義甚至要求我們將個人利益放下，尋求最大多數人的最大快樂，所以功利主義又稱為「利他的快樂主義」。

功利主義認為，道德決定於快樂是有人性的基礎，因為人性就是追求快樂，避開痛苦；而且功利主義主張只有快樂具有內在價值，任何行為的最終目的都是為了得到快樂。正如邊沁所說：「自然將人類置於兩個統治者的管轄，一個是痛苦，另一個是快樂。唯有它們可以告訴我們應該做什麼，同時決定我們做什麼。」

雖然人性是追求快樂、避開痛苦，但只是追求自己的快樂、避開自己的痛苦；由此如何推論出我們應該追求其他人的快樂、消除其他人的痛苦呢？邊沁解釋這是因為追求其他人的快樂，最終會令自己快樂，但彌爾卻認為這是植根於人性中的社會感，每個人都渴望與其他人合為一整體。

如果正如功利主義所說，我們事實上都會追求快樂、避開痛苦的話，為什麼又需要功利主義來指導我們的行為呢？原因是我們常常判斷錯誤，有時我們為了短暫的快樂，卻承受很大的痛苦，如吸毒；有時為了避免一時的痛苦，放棄長遠的快樂，如逃學。而且，大多數行為會同時產生快樂和痛苦，要判斷行為是否道德，就需要進行計算。邊沁提出了七個計算快樂的量化標準，可以簡化為四個：牽涉的人數、快樂或痛苦的強度、持續性，及發生的機率。舉例，每年都有一定數量的人死於空難，但我們不會因此就禁止使用飛機，理由是飛機能帶來很大的效益，而且飛機失事的機率其實很低。

彌爾認為不但要計算快樂的量，也要考慮快樂的質，比如說心靈快樂就比肉體快樂高級，難怪彌爾說：「寧願做不滿足的人，也好過做滿足的豬；寧願做不滿足的蘇格拉底，也好過做滿足的笨蛋。」意思是做人的快樂在質素上比豬高，而一個智者的快樂在質素上又比蠢人高。但若對快樂質素的高低有爭議時，又該怎麼辦呢？彌爾認為應該交由能夠享受到這兩種快樂的人來判斷。

功利主義的好處是能夠提供一個通過理性計算，判斷行為對錯的標準；但另一方面，它卻不適合用來指導我們的行為，因為根據功利原則，我們每一個抉擇都要為了最多數人的最大快樂，那就會有太多義務承擔的問題，根本沒有人做得到。

功利主義的道德抉擇

❶首先將所有可能選擇的行為列舉出來
❷然後計算出每一個選擇所帶來的快樂和痛苦
❸找出一個能帶來最大快樂及最少痛苦的

行為	快樂	痛苦	整體快樂
A	10	6	4
B	12	17	-5
C	6	3	3
D	8	3	5

在這個例子中，根據功利主義，我們應該選擇D這個行為。當然，快樂和痛苦很難這樣量化，但並不表示我們不可以約略比較快樂或痛苦的多少。例如，一般來說，殺人所帶來的痛苦就比說謊大得多。

兩種功利主義

功利主義時常被人批評，其為了多數人的利益而犧牲少數人的權利，此批評導致功利主義的分裂，產生出另一種功利主義，稱為規條功利主義，而原初的則叫做行為功利主義。行為功利主義是直接應用功利原則來判斷行為的對錯，而規條功利主義則認為道德規則是建立在功利原則之上，一旦建立這些道德規則之後，就用它們來判斷行為對錯，這是間接應用功利原則。

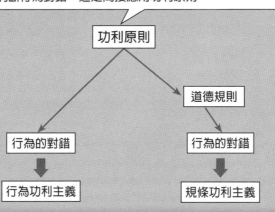

UNIT 2-14
康德的義務論

圖解倫理學

　　西方的倫理學是以目的論或後果論為主流，相對於這個傳統，康德倫理學可以說是「異端」。康德反對目的論，認為道德不是為了其他目的，道德本身就是目的，人是可以為道德而道德；康德也反對後果論，認為行為是否道德是決定於動機而非後果。是哪種動機產生道德的行為呢？當然是善良的動機，康德指出，只有善良的動機才是無條件的善，很多我們認為是善或好的東西，如勇敢、堅定、節制、忠心等品德，在邪惡動機的驅使下，一樣會產生很大的惡。

　　不過，要注意的是，康德所講的「善良動機」跟我們日常的說法有很大的差別。「出於同情心」或「減低人的痛苦」的動機，對康德來說，都不算是善良動機。所謂「善良動機」就是根據義務而行的動機，即出於責任的動機。換言之，動機是遵守義務的話，所產生的行為就是對的，違反義務就是錯的，所以一般會將康德倫理學歸類為「義務論」。

　　但什麼才是我們的義務呢？康德所講的義務，跟我們一般的道德規則也大致相同，例如：「不可殺人」、「不可偷竊」、「不可說謊」、「遵守承諾」和「幫助有需要的人」等等。義務又是從何而來呢？跟傳統基督教信仰不同，不是來自上帝，也不是為了維持社會秩序而訂的協議，康德認為義務是我們自己給予自己，來自我們的「理性」，是理性向我們自己頒布的責任。由於每個人都具有理性，所以每個人都有相同的義務，並理解自己的義務。

　　康德說理性會頒布兩種法則來指導我們的行為，分別是「定言律令」和「假言律令」。只有定言律令才是道德的基本原則，換言之，我們的義務就是來自定言律令。假言律令具有這個形式：「如果你想得到X，你應該做Y」，康德認為遵守假言律令的行為並沒有道德價值，即使符合義務。例如：「如果你想要別人幫助你，你應該幫助人」，幫助人是符合義務，但若動機是為了其他人會幫助你，則沒有道德價值。又如一個誠實的商人，他之所以誠實是因為他希望顧客信任他，因此可以賺更多錢；雖然這個商人所做的是合乎義務，但由於動機不是出於責任，所以也沒有道德價值。

　　定言律令具有這個形式：「你應該做Y」。例如：「你應該幫人」，幫人是出於責任，跟後果和個人的利益無關。「定言」的意思是無條件，「定言律令」就是命令我們無條件遵守理性所頒布的律則。康德之所以反對功利主義，就是因為功利主義建基於假言律令：「為了帶來多數人的最大快樂，你應該做……」。嚴格來說，假言律令都缺乏普遍性和必然性，例如：誰可以保證如果我幫助他人，他人就一定會幫我呢？如果道德是建基於行為的後果，就會失去普遍性和必然性，只有理性才可保住道德的普遍性和必然性。

理性頒布的法則

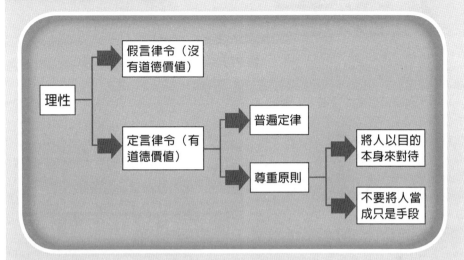

知識
補充站

★認知理性與道德理性

康德是啟蒙時代的哲學家，雖然他主張大膽運用我們的理性，但也對理性的限制作出反省。他認為我們的理性只能認識現象世界，卻不能認識現象背後的物自身，即本體界，而傳統形上學的問題就是不理會理性的限制，妄想用理性去認識本體。科學只能研究現象界，建立有關的知識，但不能探知本體。現象界是受因果律所支配，人沒有真正的自由可言；但在道德實踐中，人卻能夠有真正的自主。對康德來說，道德實踐就是通往本體界的路徑，而道德的基礎亦是根植於我們的理性，所以我們的理性不但是認識的理性，也是實踐的理性。

知識
補充站

★康德與孔子

康德講的「定言律令」，與孔子的「仁」有相似之處。仁的一個面向是「敬」，類似於定言律令中的「尊重原則」；而仁的另一個面向則是「己所不欲，勿施於人」，亦與定言律令中的「普遍定律」相似。最大的不同是，孔子的仁有「愛」的成分，而康德的定言律令則純粹來自「理性」，完全沒有情感的成分。

UNIT 2-15
尼采的超人

雖然尼采自稱爲非道德主義者，但他並不是完全反對道德，只是否定將仁慈或利他主義視爲最高的道德，而他批評的對象主要是基督教的道德觀。尼采認爲基督教的道德觀只會令人變得頹廢、軟弱和馴服，是有害生命的；他主張一種能夠提升生命價值的道德，所謂生命價值是以精神力量的大小來釐訂。

尼采對道德的批評可歸納爲三個要點：普遍主義、平等、無私。所謂普遍主義就是指道德對所有人都有規範性，但尼采認爲每個人的性格和能力都有差異，強迫每個人都接受同一套道德觀，就會壓制人性、扼殺人的創造性。既然人在各方面都存在差異，在道德尊嚴上也不例外，有些人的生命價值比另一些人更高是很自然的，而平等只會將人拉平，令人變得平庸，妨礙強者的出現。尼采認爲道德的目的就是自我的完成，而無私的主張根本就是反道德的，因爲它將他人的利益放在個人之上，這是不利於個人價值的實現。

尼采認爲理想的人是充滿生命力和創造力，不斷超越自己的弱點和限制，稱之爲「超人」，而接近這種理想完型的有哥德和貝多芬，他們都是在文化和藝術上有巨大創造力的人。尼采推崇有助於人達成理想及實現潛能的德性，我認爲其中有四個比較重要，分別是勇敢、眞誠、孤獨和獨立，它們都有助人超越自己，勇敢使人敢於冒險，創造新的價值；眞誠的人不會自欺，能夠面對自己的弱點；孤獨和獨立能使人在群體的壓力下，仍能保持自己的個性和見解。當然，這四種德性也是互相關聯

的，例如：眞誠需要勇敢，否則人就難以面對殘酷的眞相。

由於尼采對德性的重視，所以我將它歸入德性倫理學，而尼采的倫理學還有一個審美的向度，那就是活出個人的風格。活出個人風格的意思是將藝術的觀念應用到整個人生，將人的生命變得有欣賞價值，可稱爲道德的唯美主義。個人風格不在於標奇立異，而在於培養出自己獨特的個性。活出個人風格的思想在古希臘已存在，近代的提倡者則有尼采、杜威及傅柯等哲學家。活出個人風格重視的是人的個性，跟道家思想比較契合；不過，這些現代哲學家基本上是反對傳統形上學，否定超越的層面。

但這裡有一個問題，既然尼采強調人存在差異性，要求所有人都成爲強者不但不可能，而且也是對某些生命的摧殘，因爲每個人都有著不同先天的限制和潛能，正如尼采所說：「你要變成你所是的那種人。」尼采也說：「一個人必須發明對其生命及自我成長的德性及定言令式，否則的話就會對其生命提升有害。」由於每個人都有著不同先天的限制和潛能，所以每個人的自我成長目標都不一樣，需要的德性也不一樣。例如，作爲一個資本家，愛好名利是一種推動力，但作爲一個藝術家，這明顯是有害的。不過，以上所講的四種德性，似乎具有普遍性，都有助於不同人生目的的實現。尼采的「超人說」其實是一種文化精英主義，只有少數人才能成爲精英；而尼采也不同於後來的存在主義所講的「存在先於本質」，他不認爲人可以不理會先天和後天的因素而作出任意的選擇，創造自己的人生。

尼采對道德的分類

群體道德	群體形成的基礎是恐懼，因此群體會強調平等一致，憎恨差異和獨立	基督教的道德是群體道德和奴隸道德的混合型態
奴隸道德	自我否定，是頹廢者，心中充滿怨恨	
主人道德	自我肯定，是生命力和創造力的表現	古希臘人的道德
超人道德	結合強者的自我肯定和弱者的創造性精神，揚棄主人的野蠻及奴隸的怨恨和報復	未來出現的道德

尼采對基督教道德觀的其中兩個批評

教義	批評
天堂和人間的二元世界觀	否定現世的生命，製造天堂的幻象來騙人
宣揚平等、謙卑、憐憫、利他的價值	有害自我實現和生命力的提升

本質與自我實現

傳統哲學	人有普遍的本質，人生意義就是實現人的本質
尼采	每個人都有其獨特的本質，自我成長就是將它實現出來
存在主義	人不存在先天的本質（普遍或獨特），人有自由成為他所想的那樣，人創造自己的本質

UNIT 2-16
杜威的實用主義

圖解倫理學

實用主義興起於十九世紀末的美國，美國當時正經歷工業革命之後的巨大變遷，大量外來移民、城市壯大、社會急速發展，這都是美國本土思想——實用主義形成的外緣因素。實用主義認為根本不存在傳統哲學所追求的永恆真理，真理只是暫時性的，只不過是為解決問題而產生，當環境轉變，新的問題出現，舊有的知識不管用，就需要新的知識。實用主義其實是將科學方法提升到哲學的層次，即具根本性和普遍性，科學家的研究始於解答某些問題，於是提出假設，並用驗證的方法去否證錯誤的假設，直到找到一個不被否證的假設，那就是真理。不過真理只是暫時的，因為新的情況出現有可能推翻這個假設。所以，實用主義又稱為實驗主義或工具主義。

實用主義的代表人物是杜威，他是一個大系統的哲學家，幾乎涉及哲學的每一個部門。杜威稱其哲學為自然的經驗主義或經驗的自然主義，換言之，那是經驗主義和自然主義的結合，但又不同於傳統的經驗主義和自然主義。經驗主義認為知識是來自經驗，杜威當然贊同，但他所講的經驗不限於感官經驗，也包括審美經驗、道德經驗和宗教經驗；而跟自然主義一樣，杜威也拒絕用超驗的東西來解釋現象，不過他強調我們的思想和行動都是人類這個有機體跟環境互動的結果，不像一般的自然主義者，只訴諸本能和欲望。

既然杜威認為沒有永恆不變的真理，自然也不存在放諸四海皆準的道德法則，或具有普遍性的道德價值，道德也不過是人類跟環境互動的產物。杜威指出，品德是一種習慣，而習俗則是社會的習慣，兩者都是為了解決問題而出現，但這些品德、社會規範或道德原則又是為了解決什麼問題呢？我想其中一個就是社會秩序，這就是為什麼不同的社會有著不同的道德規範，農業社會不同於商業社會，傳統社會又不同於現代社會，我們可以想像，將來人類進入太空時代，可能又有另一套價值觀。

我認為，杜威的倫理學有三個重點：第一，道德需要創新，以適應新的環境，解決新的問題；第二，道德是一種實驗，就像科學探究一樣；第三，道德是理智的探究，有自決的成分。第一和第三點跟存在主義有相似的地方，不過杜威強調人跟環境的互動，而存在主義則重視人是情意的主體；兩者也有相同的問題，就是不肯對道德原則或價值作客觀的肯定，所以存在主義容易變成主觀主義，而實用主義亦流於相對主義。杜威或許會爭論，我們可從後果的好壞去確認一個價值，但後果的好壞本身就是一種價值判斷，這似乎有循環論證之嫌。將道德完全看成是實驗也有問題，想想當年納粹黨的優生學，難道不是在創造一種新的價值嗎？但如果要等到它付諸實行，產生惡果後才知是錯誤，那就太遲了。道德不像科學，科學家可以承受無數次的錯誤，直到找到一個真的假設；但道德卻無法承受這麼多錯誤。當然，在肯定某些普遍的道德價值或原則之下，實用主義也有它的貢獻，例如：解決同性戀的爭論，就是將它當做實驗，先看看效果再判斷。

實用主義、觀念論與現實論

	觀念論	現實論	實用主義
什麼是真實？	觀念	經驗世界	經驗世界
真理的性質	永恆不變	永恆不變	暫時性
知識的來源	理性	經驗	經驗
教育重點	人文學科	科學	思考及解決問題的方法

基本上，理性主義和經驗主義對應著觀念論和現實論，前者是知識論的分類，後者則是形上學的分類；但也有例外，如柏克萊的哲學屬於經驗主義，卻是觀念論。實用主義和現實論都視經驗世界為真實，不同的是，實用主義認為沒有不變的真理，知識不過是人跟環境互動的產物。

科學探究的過程

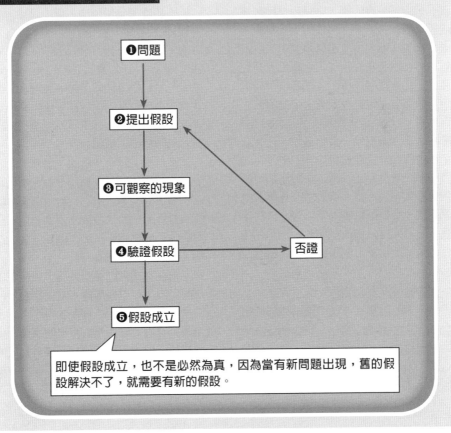

❶問題

❷提出假設

❸可觀察的現象

❹驗證假設 ⟶ 否證

❺假設成立

即使假設成立，也不是必然為真，因為當有新問題出現，舊的假設解決不了，就需要有新的假設。

UNIT 2-17
沙特的存在主義

圖解倫理學

存在主義是二十世紀初的流行思潮，其中以沙特最具代表性，「存在主義」這個名稱就是由他提出來，而存在主義的廣泛影響力也是源於他的作品，特別是小說。不過，存在主義作為一種倫理學說，其實十分薄弱，因為它並沒有肯定具體的道德原則或價值（這也是為什麼後來沙特會轉向馬克思主義）；但仍然值得在這裡介紹，原因有兩個，一是它提出的觀點可應用到道德方面，使我們對道德有新的理解。二是從哲學史發展的角度，可以看出存在主義在道德領域的意義。

存在主義的名句是「存在先於本質」，也是來自沙特，它是用來反駁傳統哲學的本質主義。傳統哲學大都假定人有本質，而人生意義就是實現人的本質；存在主義剛好相反，它認為人是先存在，然後通過抉擇，去創造自己的本質。雖然存在主義並不肯定道德價值的客觀性，但人作抉擇時，必須謹慎思考，也要承擔後果，負起責任，正突顯示出道德的自決性和自主性。用沙特的例子，二次世界大戰時，法國淪陷，一個年輕人來找沙特，請教他究竟應去當兵報國，還是照顧年邁的母親。沙特認為，沒有人可以代他作決定，也不存在任何道德理論或原則幫他解決問題，他必須自己作決定，並承擔後果。

沙特在〈存在主義是人文主義〉一文指出，道德跟藝術一樣，也講求創造和發明，並不存在先驗或客觀的道德原則。但這樣將道德和藝術類比會有一個危險，因為在藝術裡面，創造本身就是目的，而藝術創作也不存在普遍的法則；但道德卻不同，普遍性正是道德的

要求，而且道德的價值在於指導我們的行為，令我們生活得更加好。我認為，存在主義本身其實也預設了某些道德價值，存在主義講的自決性，不正是預設了勇氣是好的嗎？

西方文化有兩個源頭，一個是宗教，另一個是哲學。哲學方面，由柏拉圖、康德到存在主義，我們可以看到理性角色在道德方面的演變。柏拉圖認為道德觀念諸如「公正」和「善」是客觀存在的理型，人憑理性可以認識得到。所謂人的真正利益並不是物質方面，而是內在的平衡，欲望和意志受到理性的控制，擁有智慧、勇敢、節制和公正等品德。到了康德，道德已經不是客觀存在之物，而是人理性所頒布的命令，但理性仍然可保證道德的客觀性。到了存在主義，道德已失去客觀性，價值只是主觀的選擇，但理性仍有其重要性，就是認識客觀情況，深思熟慮後作出抉擇。存在主義比較重視情意在人生的地位和價值。

由此可見，在思想層面，道德的基礎的確出現危機，理性地位下降，價值亦由客觀走向主觀。至於宗教方面，尼采對基督教的攻擊、達爾文的進化論，以及唯物論的思想，都大大動搖宗教的信仰。西方的道德基礎在於上帝，所以上帝不存在會產生道德的危機，而存在主義的出現，也正好填補了這個空缺。沙特認為，即使上帝不存在，也不表示人生沒有意義，意義是人自己的選擇。由於我們所做的選擇，使我們成為怎樣的人，我們就是我們的選擇加起來的總和，這就是存在主義的人生觀，也是對於沒有上帝的回應。

理性在道德領域的作用

柏拉圖（古代）：道德是客觀存在，並且是理性認識的對象。

↓

康德（近代）：道德是人所頒布的命令，不是獨立於人而存在，但理性可保證道德的普遍性。

↓

存在主義（現代）：道德是人的主觀選擇，理性只能認識客觀情況，助人作出抉擇。

存在主義的價值觀

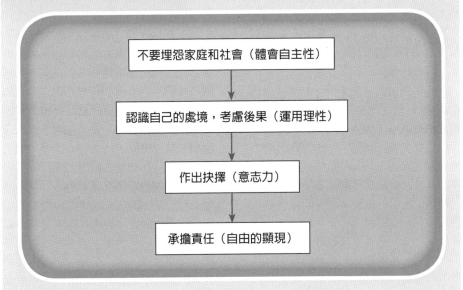

不要埋怨家庭和社會（體會自主性）

↓

認識自己的處境，考慮後果（運用理性）

↓

作出抉擇（意志力）

↓

承擔責任（自由的顯現）

知識補充站 ★存在主義與現象學

現象學的創始人是胡塞爾，胡塞爾認為現象學是一套使事物本質呈現的方法，而海德格和沙特都宣稱運用現象學的方法來建立其存在主義哲學，例如：沙特就擅長運用現象學的方法來探討人的意識，對意識的空無作用有深入的說明。

UNIT 2-18
羅爾斯的正義論

要評價一個社會可以有很多標準，例如：安全、效率、繁榮等，但最重要的還是公正或正義，社會若不正義，肯定不是一個好的社會。正義有兩種，一種是報應的正義，另一種是分配的正義；前者涉及刑罰，後者則是關於社會利益，如自由、權利、機會和財富的分配。羅爾斯的正義論談的是後者。

在日常生活中，早已存在很多公正的分配原則，例如：平等分配、按需要分配、按貢獻分配、按能力分配、按努力分配等等。當然，不同領域應該用不同的原則才是恰當，如醫療福利，應該按需要分配；工作收入，就應該按貢獻和能力來分配。但羅爾斯所探討的正義原則是在一個更高的抽象層次，它的對象是社會的基本結構，即是憲法、法律、政治和經濟制度等如何組成。

什麼樣的正義原則才是合乎道德呢？在這裡，羅爾斯是採用契約論的立場，他設計出一個原初境況，立約者被一個無知之幕所遮蔽，不知道自己的具體情況，包括性別、種族、能力、喜好、社會階級及宗教信仰等，只知道有其理性的人生計畫及一般有關經濟和心理的知識。在這種狀態下，經過各方同意選擇出來的正義原則就合乎道德的要求，因為它是理性的人在自由和平等境況下的商議結果，公平對待正是正義的形式意義。

由於不知道自己的具體身分和能力，在這種不確定的情況下，立約者在選擇正義原則的時候，就會採取保守的態度，認同於社會上最不利的階層，因而會採用最高程度最低額的規則來選擇分配基本有用物品（自由、權利、機會、收入、財富、地位及自尊）的原則，基本有用物品對任何人生計畫都是必須的。羅爾斯認為立約者最終會選擇正義的兩個原則，第一個原則是每一個人都擁有相同最大的自由權利；第二個原則是經濟和社會利益的不平等分配要符合兩個條件，第一個條件是要對社會上處境最差的人有利，第二個條件是所附隨著的職位和工作是對所有人開放。換言之，第二個原則有兩部分，前者可稱為「差異原則」，後者可稱為「機會均等原則」；至於第一個原則亦可稱為「最大均等自由原則」或「平等自由原則」。羅爾斯認為第一個原則比第二個原則有優先性，而第二個原則的第二部分亦比第一部分有優先性。

為什麼自由有優先性呢？因為沒有思想自由，我們就不能形成對我們而言所謂「有價值的東西」，不能建立自己的目標，也就沒有人生計畫可言。而其他的自由如言論自由、結社自由、政治自由和人身自由等，則是用來保障我們人生計畫內的利益和目標。

「均等機會原則」要求的不但是職位對所有人平等開放，還包括消除或減少後天因素的影響。有一些做法是符合均等機會的原則，例如：防止財產過度累積、保障教育機會的平等、文化知識和技術的傳授不應有階級的限制、學校制度亦不能有階級的限制等。

「差異原則」要求經濟利益的不平等分配要對社會上處境最差的人有利；換言之，要提升社會上其他成員利益的先決條件，是能夠對處境最差的人有利。而社會上處境最差的人，大多是天賦才能較低的人。

如何排除其他候選原則

除了最高程度最低額這個規則之外，羅爾斯認為還需要對所選擇的正義原則加以形式的限制：一般性、普遍性、公開性、對衝突主張有一次序的排列、終極性。還有，如果一個正義觀念不能使人對此觀念產生據之而行動的欲望的話，則此觀念將不會被選擇，因為不穩定性將很難保障社會的有效合作。

一般性限制	可排除第一身獨裁的利己主義及搭免費車的利己主義
次序限制	可排除普遍的利己主義，因為如果每個人都應該提升自己的利益，當有利益衝突的時候就沒法排解。也可排除直覺主義觀念，因為直覺主義觀念包含了一組原則，但缺少平衡原則之間的優先次序，只能訴諸直覺解決衝突。
最高程度最低額規則	可排除功利主義，因為它有可能容許奴隸制這種最差情況的出現。也可排除完美主義原則，因為若承認某種支配性的目的，這可能損害宗教利益及其他基本自由。
公開和終極	可排除混合觀念，雖然混合觀念包含了功利原則和最大均等自由的原則，不會產生奴隸制這種最差情況；但由於正義原則是終極和公開，所以功利原則會要求個人為了整體利益而放棄自己利益，這是一種過分的道德要求，也會影響正義感的穩定性。

正義的兩個原則

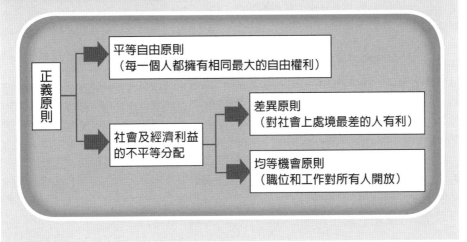

正義原則
- 平等自由原則
  （每一個人都擁有相同最大的自由權利）
- 社會及經濟利益的不平等分配
  - 差異原則
    （對社會上處境最差的人有利）
  - 均等機會原則
    （職位和工作對所有人開放）

UNIT 2-19
女性主義

圖解倫理學

女性主義者卡諾認為，男女有著不同的思考模式，產生相異的道德觀念。她指出，男性道德判斷的核心是「正義」，而女性則是「關懷」；前者涉及抽象的理性，強調的是普遍性，後者源於具體的情感，重視的是情境的特殊性。大部分西方倫理學講的都是權利、義務、正義和平等，屬於男性的思維，因為這些哲學家都是男性。但卡諾認為，這種「正義倫理」強調的是人的自主性和個人的權利，容易導致人與人之間的分離，對人缺乏關懷和同情；而她主張的「關懷倫理」則可以補救這種缺失。

自從卡諾提出「關懷倫理」之後，就引發很多討論。有人認為，應該用關懷倫理取代正義倫理，這樣人與人之間就會減少紛爭，甚至戰爭，世界也會和平得多。有人則批評，強調男女有不同的道德思維是一種本質主義，它只會強化男女性別的角色（例如：男性出外工作，女性在家照顧子女；男性適合當醫生，女性適合當護士），令女性處於弱勢。一般來說，男性比較擅長抽象的思考，講求正義和公平；女性則比較重視人和人之間的關係，關懷別人的需求。但究竟這是天生如此，還是社會化的後果呢？我認為兩種因素都存在，女性作為生育者，關懷子女肯定比男性強烈；但並不表示男性就不可以做一個像母親一樣的關懷者，因為關懷其實是一種實踐活動，也需要學習和反省。

我認為，「正義倫理」和「關懷倫理」主要對應著公私兩個領域。在公共領域，我們關心的是權利得到保障、競爭合乎公平；但在私人領域，比如家庭，似乎就不應大談權利。如果說社會的首要德性是正義的話，則家庭的首要德性就是愛，愛足以消磨家庭成員之間的衝突。但我並不是說個人的權利完全不適用於家庭，公私也不是兩個完全獨立的領域，比如說，父母虐待子女同樣是犯法，婚姻之內也有強姦可言。同理，關懷倫理也可引申到公共領域，以保正義倫理的不足，從這個角度看，社會福利就是將關懷制度化，所以我一直反對將福利看成是人的基本權利。

至於有批評說，正義倫理和關懷倫理相應於公私領域的劃分，會強化性別角色的不平等；我認為不一定，雖然正義倫理源於男性思維，關懷倫理源於女性思維，但並不表示男性就一定比女性更懂得理性的抽象思考，或者男性就不可以對人充滿關愛，因為思考和關愛都要經過學習。以起源來限定事物，正是犯了起源謬誤（見「起源謬誤」那一篇）。

雖然西方哲學傳統是以正義倫理為主，但西方文化的另一個源頭基督教就十分重視愛，愛不就是關懷嗎？信、望、愛，正是基督教所主張的三大德性，所以我將基督教倫理學歸類為德性倫理學。洛克的權利思想也有著基督教的根源，從這個角度看，我們或許可以建構出一種包含權利和正義的關懷倫理學，正義不過是愛的一種表達方式。回頭再看中國文化的儒家思想，孔子所講的仁，也就是愛，是關懷；不過，儒家的缺點正是缺乏一種保護個人權利的正義觀念。也許，一個理想的社會就是既重視個人權利，成員又能夠互相包容和關懷。

柯柏格的道德發展理論

柯柏格用心理學的方法，發現兒童的道德發展共有六個階段

第一階段：避罰和服從	對的行為就是服從權威和避免懲罰。
第二階段：個人工具目的和交換	對的行為就是符合個人需求，也懂得跟別人訂立公平交易。
第三階段：互惠的人際關係和服從	對的行為就是符合個人在人際關係中所肩負的義務和責任，涉及的德性是忠誠和信任。
第四階段：社會制度和良心維護	執行社會義務和維持團體的利益。
第五階段：先在權利和社會契約	對的行為就是維護人的基本權利及法律的協定。
第六階段：普遍倫理原則	忠誠地服從全人類應遵守的抽象原則。

根據柯柏格的標準，關懷倫理屬於第三個階段，是道德的未充分發展。卡諾則認為這種看似中立的經驗研究，其實是充滿了偏見和性別歧視。

★性別的社會建構

雖然男女先天上存在生理和心理的差別，但其實也有不少常見的性別差異是社會建構出來的。例如：女性愛美、比較細心、注重整潔、好靜、適合從事照顧人的工作；男性則不甚注重儀容、較為粗心、好動、崇尚競爭、適合從事出外打拚的工作。女性主義者芭勒甚至認為，性別認同是一連串的社會規訓加諸於我們的身體，令身體馴化，最明顯的例子就是男性穿褲子，女性穿裙子。但身體馴化並不完全是被動的，當事人會主動操練，以符合社會的期望，芭勒稱之為「性別操演」。

第 **3** 章
道德問題

● 章節體系架構

UNIT 3-1
自殺

存在主義者卡繆認為，真正的哲學問題只有一個，那就是自殺。假如世界和人生都是荒謬，活著也沒有意義的話，為什麼不自殺，一了百了呢？但卡繆指出，自殺其實是逃避問題，要超越荒謬，人必須對抗，用抉擇去創造自己的人生價值。然而，自殺一定是逃避嗎？為了拯救他人而作出犧牲的自殺又如何呢？我們可以將這種自殺稱為「利他自殺」；一般只為解除個人痛苦的自殺則叫做「為己自殺」。通常我們會譴責為己自殺，卻稱讚利他自殺。

當然，大部分的自殺屬於為己自殺，例如：欠債無力償還而自殺、愛人變心而為情自殺、因病厭世而自殺等等。不過，為己自殺和利他自殺並不是截然二分，兩者之間可以有不同的程度。就以屈原投江自盡為例，也有著利他的成分，就是藉此喚醒君主和人民。但有一種自殺，卻似乎無法歸類，那就是恐怖分子的自殺式襲擊。他們自殺不是為了自己，所以不算是為己自殺，但又不能稱為利他自殺，因為他們傷害了很多無辜的生命。

反對為己自殺的論證主要有四個，最後兩個來自基督教傳統。第一個是「責任論證」，第二個是「佛家論證」，第三個是「財產論證」，還有一個是「生命神聖論證」。

責任論證有兩個版本，一個是來自蘇格拉底，他認為靈魂投生到這個世界就好像坐牢一樣，刑滿出獄就是死亡，而自殺就等於逃獄，不負責任，所以是錯的。亞里斯多德則認為，解除個人痛苦的自殺是懦夫的行為，人受惠於社會，對社會是有責任的，自殺就是逃避責任，所以自殺者必須接受法律的制裁。

佛家認為，人受苦是果報，若因逃避痛苦而自殺，來世會有更大的惡報，很有可能墮入地獄，所以自殺是錯誤的。我們可以將佛家論證跟蘇格拉底的論證結合起來，人投生到世上有一定的任務或責任，可理解為修行（鍛鍊靈魂），而在世間所碰到的痛苦和煩惱，都是鍛鍊靈魂的機會，逃避這些痛苦而自殺的話，就是逃避責任，死後會受到懲罰。

財產論證認為，我們的生命是上帝的恩賜，屬於上帝，並不屬於我們自己，人不過是這個生命的管家，所以人絕不可以自殺，只有上帝才有權奪取人的生命。基督教也認為生命是神聖的，具有絕對的價值，所以任何傷害生命的行為都是錯的，包括墮胎、死刑、安樂死和自殺。

可是，如果生命的價值真是絕對的話，那麼，我們是否要考慮禁止汽車行駛呢？因為沒有汽車的話，就不會有人死於交通意外。雖然生命有很高的價值，但不見得可以凌駕其他價值。況且，若生命的價值是絕對的，即使為了救人，犧牲自己的生命也是不對的。由此可見，財產論證和生命神聖論證都可以用來反對利他自殺。

至於支持自殺的理由，主要就是人有權選擇死亡。我認為，對社會的責任一般大於死亡的權利；但在某些情況下，人對社會再沒有責任可言，例如：患了絕症，飽受痛苦折磨的病人，這時候還要求他們對社會負責任，未免太殘忍了！

自殺的分類

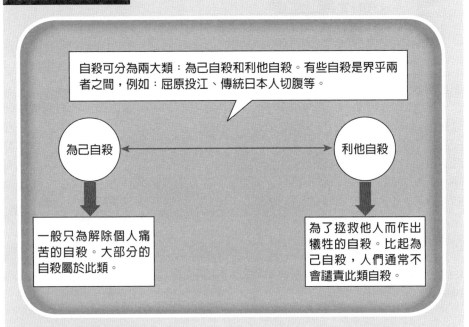

自殺可分為兩大類：為己自殺和利他自殺。有些自殺是界乎兩者之間，例如：屈原投江、傳統日本人切腹等。

為己自殺 ←→ 利他自殺

一般只為解除個人痛苦的自殺。大部分的自殺屬於此類。

為了拯救他人而作出犧牲的自殺。比起為己自殺，人們通常不會譴責此類自殺。

自殺的評價

自殺的評價	種類	例子
道德上好的	利他自殺	越戰時一位美國士兵為拯救同伴，以身體阻擋手榴彈。
道德上容許	理性自殺	絕症病人要求安樂死
道德上錯誤	一般的為己自殺	因失戀而輕生

 ★ 認知上的錯誤

自殺的錯誤可以分為兩種，一種是道德上的，例如：以上提到責任論證。另一種則是認知上的，例如：從佛家的角度來看，自殺者以為只要了結自己，就可以消除一切痛苦，殊不知自殺的果報很有可能是下地獄受苦。如果當事人知道自殺之後靈魂會遭受更大痛苦的話，相信大部分的人都不會自殺。又例如，叔本華雖然被稱為厭世悲觀哲學家，不過他是反對自殺的，因為自殺者原本的目的是消除痛苦，卻用錯了方法，自殺只是消滅了某個生命，即「生存意志」在特定時空的呈現，但是消滅不了「生存意志」本身。

UNIT 3-2
安樂死

圖解倫理學

簡單來說，安樂死就是讓患了絕症或重病的人安詳地死去，免受不必要的痛苦，通常是由醫生執行。根據當事人的意願，安樂死可分為三種，分別是自願安樂死、非自願安樂死和不自願安樂死。自願指當事人想死，非自願是指當事人無法表達自己的意願，例如：嬰孩、智障人士和昏迷病人等，不自願則是當事人不想死。而安樂死的方法可分為兩種：主動安樂死和被動安樂死。主動是指醫生採取某些行動直接了結病人的生命，如注射毒素；被動是指醫生解除病人的維生系統，如移去呼吸器，或在病人病發時不作施救，讓他自然地死去。

在以上各種安樂死中，究竟哪些是道德上不容許，哪些是道德上容許呢？首先，不自願安樂死，無論是主動或被動，都是不道德的，因為它違反了病人的意願，亦即是謀殺。至於非自願安樂死，其中的關鍵是病人的家屬可否代他作安樂死的決定。被動安樂死，包括自願和非自願，一般來說，已經被社會接受。由於病人處於垂死的邊緣，移去呼吸器，或不再施救，並不算是蓄意殺死他，只是讓他自然死去，因為他的死已是無可避免的。

產生最大爭議性的就是主動安樂死，因為它是蓄意殺人。我們先討論主動自願安樂死。反對主動自願安樂死的理由主要有三個：❶殺人是不道德的，❷即使是自願，但人並沒有死亡的權利，❸讓主動安樂死合法會引起嚴重的後果。先討論第一個理由，「殺人是不道德的」只是一般而言，其實有例外，如自衛殺人和死刑，問題是有沒有理據支

持主動安樂死。第二個理由，在「事實與價值」那一篇已經討論過，有沒有某種權利並不是事實問題，而是價值問題，所以無論判定人有沒有死亡的權利都需要提出理據。第三個理由，說主動安樂死合法會引起嚴重的後果，但究竟有多嚴重呢？有人只是誇張了其嚴重性，比如說一旦自願安樂死合法，下一步就是非自願安樂死合法，再來就是不自願安樂死合法，這種推論其實是犯了滑落斜坡的謬誤（見「滑落斜坡的謬誤」這一篇）。有人認為自願安樂死合法會降低生命的尊嚴，令病患者容易有輕生的念頭；有人則指出家屬可能為了個人的利益（如不想照顧病人，或謀奪遺產），會遊說病人要求安樂死，給予病人很大的壓力。我們可以觀察一些已實行主動安樂死的地方，看看有沒有這些後果。當然，有些病人想尋死不只是肉體上的痛苦，也是由於缺乏他人的關懷，所以主動安樂死合法化的條件是提供善終服務，以免安樂死被濫用。

贊成主動自願安樂死的主要理由是，解除病人的痛苦，及尊重病人的自主權，這是仁慈殺人。又或者可以這樣說，在特殊的情況下（患了絕症或重病，身心要承受極大的痛苦），人擁有死亡的權利。至於主動非自願安樂死，雖然家人會作出最合乎病者權益的決定，但家屬之間也可能有不同的意見。無論是自願或非自願，一個主要的問題是如何界定「重病」，什麼樣的病才不值得活下去呢？例如，生下來有脊柱裂的嬰兒，將來的生活一定很痛苦，但患有唐氏綜合症又如何呢？容許父母作安樂死決定的話，非自願安樂死可能會變成優生的手段。

安樂死的分類及評價

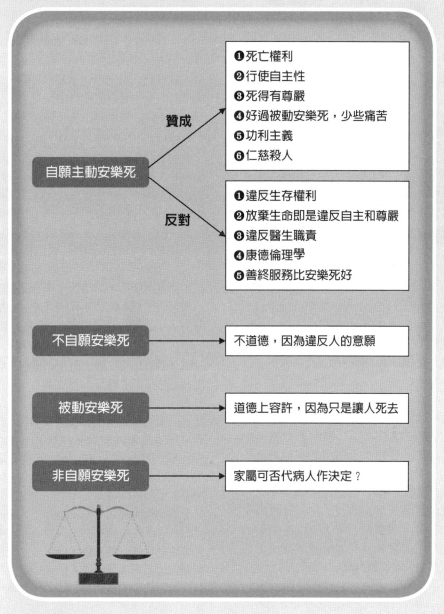

自願主動安樂死

贊成
- ❶死亡權利
- ❷行使自主性
- ❸死得有尊嚴
- ❹好過被動安樂死，少些痛苦
- ❺功利主義
- ❻仁慈殺人

反對
- ❶違反生存權利
- ❷放棄生命即是違反自主和尊嚴
- ❸違反醫生職責
- ❹康德倫理學
- ❺善終服務比安樂死好

不自願安樂死 → 不道德，因為違反人的意願

被動安樂死 → 道德上容許，因為只是讓人死去

非自願安樂死 → 家屬可否代病人作決定？

知識補充站 ★安樂死合法化的地方

目前自願安樂死合法化的地方有荷蘭、比利時、盧森堡、瑞士和美國的奧勒岡州、華盛頓州和蒙大拿州。而其中只有荷蘭和比利時容許18歲以下人士，在家長的同意下有安樂死的權利。

UNIT 3-3
死刑

圖解倫理學

死刑是最嚴重的刑罰，因爲沒有了生命，也就失去了一切，所以，應否廢除死刑是一個很重大的問題。要討論死刑應否廢除，就要先了解刑罰背後的理據。爲什麼刑罰需要理據呢？因爲刑罰是一種對人的傷害，當然不可以無緣無故傷害人。刑罰理論主要有三種，那就是報應論、阻嚇論和改過論。

報應論認爲犯罪的人必須受到懲罰，因爲這是他們「應得」的，這才是公正；罪有輕重，而報應論的基本精神就是「所犯的罪越重，所得的刑罰就越重」，罪與罰必須成正比，否則亦是不公正。殺人罪是很嚴重的罪行，所以要處予極刑，正所謂「殺人償命，欠債還錢」，殺人犯應判死刑，才合乎正義。這樣看來，報應論是支持死刑，但其實不一定。因爲我們不必嚴守「以牙還牙，以眼還眼」這個原則，比如說，我們也不會用「強姦強姦犯」作爲懲罰，只要符合「所犯的罪越重，所得的刑罰就越重」這個基本精神就足夠，可以用終身監禁來代替死刑。當然，贊成死刑的人亦可堅持死刑是比終身監禁更嚴重的刑罰，正好對應嚴重的罪行。如果殺人還不算嚴重的話，那麼，侵略戰爭的發動者和種族清洗者，應當足以被判死刑。

阻嚇論認爲刑罰的目的是阻嚇人犯罪，也可以說是基於功利原則，因爲刑罰的最重要後果就是其阻嚇作用。對於嚴重的罪行，死刑才具有阻嚇作用，所以必須有死刑。但如何知道死刑有阻嚇作用呢？我們可以比較有死刑和沒有死刑之處的謀殺率；或者比較同一個地方在廢除死刑之前和之後的謀殺率。如果發現沒有死刑比有死刑有更高的謀殺率，就可以判斷死刑和謀殺率有關，間接推論出死刑具有阻嚇作用。不過，影響謀殺率高的原因有很多，要深入研究才可確定死刑的影響力有多大。

改過論認爲刑罰的目的是要令罪犯改過變好，但很明顯，將罪犯處死，就沒有改過的機會了。這樣說來，改過論是反對死刑的，但其實也不一定，我認爲刑罰之所以能夠令人改過，就是因爲它所帶來痛苦，繼而激發起人的內在善性，反省改過。每一個面對死刑的罪犯，都會承受極大的痛苦，那就是死亡所帶來的恐懼；那麼，死刑其實可以給罪犯承認錯誤的改過機會。

至於反對死刑的理由，主要有5個，分別是❶判錯案、❷人有生命權利、❸生命是神聖的、❹死刑不文明，及❺死刑會被濫用。不錯，法庭有可能判錯案，但我們可從制度和審訊程序各方面著手，將出錯的機會減到最低。生命權利雖然是基本人權，但也不是絕對的；因爲如果基本權利是絕對的話，則所有刑罰都必須廢除，不是嗎？監禁是侵犯人的自由權利，罰款是侵犯人的財產權利。跟生命權利的絕對性一樣，要貫徹生命是神聖的主張，就會碰到很多問題，比如說拔除植物人的呼吸器是錯的，因姦成孕的墮胎也是錯的，就連自衛殺人都是錯的。說死刑不文明可能多是指死刑的方法，斷頭臺、絞刑、槍斃等方法固然殘忍，但也有較人道的毀滅方法，例如：打毒針。至於說死刑會被濫用，變成清除異己的方法，但在民主法治的社會，人權得到充分保障，這幾乎是不可能發生的事。

刑罰理論與死刑

理論	立場	理由
報應論	贊成死刑	公正
阻嚇論	贊成死刑	防止罪案
改造論	反對死刑	罪犯失去改過的機會

改過的機制

緩刑 ➡ 暫時不執行刑罰，如果罪犯在一段時間內不再犯罪，原來的判刑就會失效。

有罪！

暫不執行刑罰

一段時間內不再犯罪

原判決失效

假釋 ➡ 罪犯在服刑期間表現良好，可暫時提前獲釋，若在一段時間內不再犯罪，亦當刑罰的執行完成。

有罪！

服刑中

表現良好，提前獲釋，一段時間內不再犯罪

當作刑罰已經執行完畢

UNIT 3-4
器官移植

圖解倫理學

隨著科技的進步，越來越多的器官可作移植之用，如心臟、肝臟、腎臟、胰臟、眼角膜、骨髓及肺等等，器官移植所涉及的倫理問題主要是器官的來源。最大的爭議性就是使用複製技術，拿取病人的細胞，用複製技術製造胚胎，再抽取胚胎的幹細胞培植需要的器官，這樣可確保沒有器官排斥的問題，但胚胎最後會被毀滅，這就涉及殺害生命的問題。不過，現代科技還未達到此技術，這只是理論上可能。自願捐贈器官當然沒有問題，有些器官有再生能力，捐贈者只要捐出部分就可以，如肝臟和骨髓；然而，大部分要待捐贈者死後才可以移植，如果家屬反對的話又該怎麼辦？中國人向來有全屍的觀念，是否需要尊重家屬的感受呢？這也涉及人死後的屍體處於什麼地位，是遺產、垃圾，還是沒有用的東西？

即使有自願者死後捐出器官，但目前還是求過於供。既然是求過於供，自然就會有黑市交易，進行器官買賣，有些地方的監獄甚至出賣死囚的器官，而大部分賣器官者都是貧窮人士，為了生存而不惜損害自己的身體，這是否是對貧窮人士的剝削呢？根據資料顯示，富裕國家的人多數向貧窮國家的人購買器官。既然我的器官屬於我，可以捐獻，為什麼不可以買賣呢？禁止買賣器官正是要保障人的尊嚴和權利，黑市買賣雖然不合法也不道德，奈何需求太大，也許唯一的解決方法就是研發人造器官。

有人主張勸喻大家死後捐出器官，又或者死前不作聲明的話，就假定死後要捐出器官，甚至強制人死後要捐出器官。他們認為人死後就一無所有，屍體只會爛掉，為什麼不用來幫助有需要的人呢？這種想法的原意是好的，但後兩者明顯違反人的權利；至於前者，我也不十分支持。在「墮胎」那一篇，我對於「生」的定義是靈魂進入胎兒，而「死」的定義當然也就是靈魂離開身體。現代醫學將死亡定義為腦死亡，而不是傳統的心臟停止跳動，原因之一恐怕就是趁器官還運作良好時可作移植之用；但根據佛家的看法，人斷氣之後，要經歷一段頗長的時間，靈魂才會完全離開肉體，一般是8小時，有時長至一天，這段期間內，人有可能「死」而復生。在中國傳統的習俗，人死後要守夜，就是要以防死者「翻生」，而且在這段時間內，人還有意識及知覺，只是不能表達。如果佛家對死亡的觀點是對的，那麼在這段時間內作器官移植，就會給當事人帶來極大的痛楚，因為他的意識還未離開肉體。即使他願意死後捐出器官，是一種布施，但這種痛苦卻是始料不及，說不定由此會產生嗔念，墮入地獄。所以從這個角度來看，死後捐贈器官可能會帶來更大的不幸，一方面捐贈者會感受到器官被摘除的痛苦，另一方面接受捐贈者有可能出現靈魂附體的情形，因為捐贈者的靈魂會隨器官移植附身於接受捐贈者，導致器官排斥或雙重人格的問題。

器官的來源

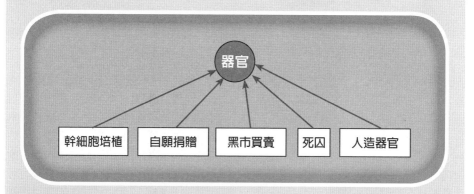

生與死

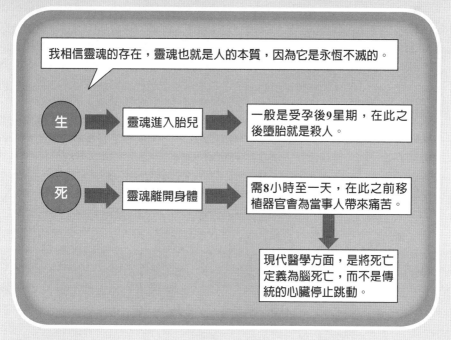

 ★器官擁有權及其限制

雖然我擁有我的身體，對我的身體有行使自由的權利，例如：我可以出賣勞力，以換取
金錢。然而，這種自由權利不是絕對的，例如：不可以傷害人。同理，我有捐贈器官的
自由，卻沒有販售器官的自由，這並非矛盾，因為限制我們處理器官的自由是合理的，
這是為了避免富有的人壓制貧窮的人，保障人的尊嚴。

UNIT 3-5
墮胎

在某些唯物主義的國家,墮胎是解決人口過剩的方法,有人甚至是被迫墮胎;但在某些天主教國家,墮胎卻是嚴格禁止,即使是因姦成孕也不可以。後者認為胎兒是人,因為胎兒也有靈魂;前者根本不承認靈魂的存在,認為未出生的胎兒不算是人。即使不理會靈魂是否存在的問題,我們仍可以問,究竟胎兒算不算是人?有沒有人的生存權利呢?

由受孕至出生,是一個連續的發展過程,其中就有幾個主要的階段:受精卵、胚胎、胎兒(懷孕八周至出生之前)。雖然一個出生前兩個月的胎兒跟一個人差別不大,但又很難將受精卵或胚胎看成是真正的人。有人將出生定為人的分界線,因為出生前胎兒要依靠母體存活,出生後就可自行呼吸及進食。有人則將人的分界線推前,主張只要胎兒移出子宮後能夠養活的話,就算是人,這大概是懷孕二十八周之後,但胎兒能否存活主要取決於當時的科技。有人將胎兒視為人,因為第八周已有腦部的活動,根據這個標準,受孕第八周之後的墮胎就是不道德,第八周之前的墮胎則是道德上容許。

即使胎兒有生命權利,但權利並不是絕對的,當胎兒威脅到母親的生命時,墮胎是容許的,這是兩個生命權利的衝突,而一般認為母親的生命權利大於胎兒的生命權利。另外就是因姦成孕,女方在不自願的情況之下懷孕,繼續懷孕只會加深她的痛苦,將來嬰兒也很有可能得不到妥善的照顧,在這種情形下,母親的自主權便大於胎兒的生命權利。

贊成墮胎的主要論據正是母親的自主權,除了以上所講的兩種極端國家之外,大部分國家都是傾向支持母親的自主權,比較少重視胎兒的生命權利。例如,有些地方要進行墮胎,只要有兩位醫生簽字證明,若不進行墮胎,將會對孕婦的身心造成極大的傷害,或很有可能產生身體不建全的嬰兒,如罹患唐氏綜合症。雖然不至於任意墮胎,但墮胎幾乎是半合法化,也容易被濫用。而一般人進行墮胎,主要考慮的為手術是否安全,比較少理會是否合法,更遑論胎兒的生命權利。根據非正式統計,大部分進行墮胎的都是未婚的少女,這當然是性開放的一個自然結果,也可以說是婚前性行為的後遺症。要防止這種情況出現,提倡安全性行為是比較實際的做法,但亦有人擔心這會令性關係變得更加隨便。

回頭再說靈魂存在的問題,個人認為,靈魂是存在的,生命的開始也就是靈魂入胎,但靈魂究竟何時進入呢?原本基督教(這是廣義的基督教,包括天主教)有「胎動」之說,即母親感到胎的移動,但胎動的時間因人而異,最早出現的時間是懷孕後第八周,平均是懷孕後第十八周。中國人有一個傳統,就是懷孕未滿三個月不會告知他人,因為這段時間內流產的機會很大,三個月之後才算是穩定。綜合以上的說法,我推測靈魂入胎的時間約為懷孕後第九周,因為要保證胎是穩定,靈魂才放心進入,投胎其實是一個冒險的過程。換言之,懷孕兩個月之後的墮胎是不道德的,因為肉體被殺害,靈魂會感到極大的痛苦。

懷孕的不同階段

懷孕開始	受精卵	基督教認為這是人，因為靈魂已經存在
第 二周	胚胎成功依附子宮壁（著床）	如果以這為人的界線，某些避孕和人工生殖的方法就沒有違反道德
第 六周	器官開始形成	
第 八周	胎兒有腦部活動，能辨認手指和腳趾	
第 二十八周	胎兒移出母體可以養活	這要視乎當時的科技
第 三十九周	出生	理所當然是人

贊成及反對墮胎的理由

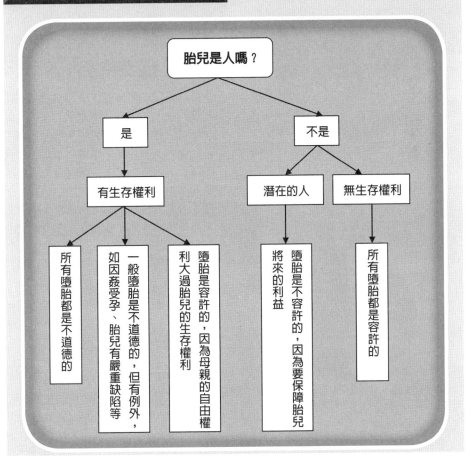

UNIT 3-6
人工生殖

科學的進步一日千里，如今不育人士也可以借助生殖技術，生產自己的孩子，但當中亦涉及不少倫理問題。具較少爭議性的是人工受精和體外受精。夫婦的精子和卵子本身並沒有問題，只是某些原因導致不能自然受孕，例如：丈夫因意外不能跟妻子行房，那就可用人工受精的方法，將丈夫的精子注入妻子的子宮，令其受孕。又如妻子的輸卵管閉塞，卵子無法到達子宮，那就可用儀器將卵子取出，在試管內受精，然後再放回子宮。由於這兩種方法都是用夫婦的精子和卵子，而且受精卵都是在母親的子宮培育，所以並沒有產生很大的倫理問題；但兩者相比，體外受精有較大的爭議性，為了增加受孕的成功機會，會令多個卵子受精，事後又要捨棄多餘的受精卵，這涉及殺害生命的問題。

其他人工生殖的方法會使用夫婦以外第三者的精子、卵子或子宮，涉及的倫理問題就更複雜。有些丈夫的精子不足，或者有遺傳病，那就需要借助其他人的精子，用人工受精的方法令妻子懷孕。但用這種方法生下來的孩子就有兩個父親，一個是血緣上的父親，另一個是名義上的父親，問題是，這個孩子有沒有權利知道親生父親是誰呢？而血緣上的父親也可能患有遺傳病，這涉及孩子的權益問題。有些妻子的卵子本身有問題，那就要借助其他人的卵子，用體外受精的方法受孕，再將受精卵放回母親的子宮培育，跟上面一樣，也涉及孩子的權益問題，孩子有沒有權利知道自己血緣上的母親呢？容許以上生殖方式也可能會催生精子和卵子買賣的行業，商業化必定導致不同級別的產品，比如來自傑出人士的優質精子和卵子就要高價購買。事實上，美國已經有精子銀行的出現。

有些妻子的子宮結構有問題，不能懷孕，或心臟負荷力有限，不宜懷孕，就得借助別人的子宮來孕育下一代，用人工受精或體外受精的方法使其懷孕，這種方法涉及較多的倫理問題。如果卵子來自委託人，理論上孩子就擁有兩個母親，一個是生母，另一個是養母，但生母卻不是自己遺傳上的母親，養母才是。如果卵子來自代理孕母，就會有販賣嬰兒的問題，因為代理孕母通常是收費的。另外就是代理孕母的權利，究竟這個「生母」對她的「孩子」有沒有母親的權利？而孩子又有沒有權利知道自己的生母是誰呢？

最近出現一個案例，一對澳洲夫婦在泰國請代理孕母幫他們生殖下一代，懷孕的結果是龍鳳胎，其中男嬰患有唐氏綜合症，澳洲夫婦本想墮胎了事，但代理孕母堅持生下來，最後澳洲夫婦接走了正常的女嬰，留下有問題的男嬰。代理孕母本身就是因為貧窮才接受這樣的工作，根本無力照顧男嬰，卻又不忍心遺棄他。在這個代理孕母的案例中，有遺傳病或殘障的胎兒帶出了責任歸屬的問題。

長久以來，生育主要是在夫妻的關係內進行，但隨著科技的進步，他精受孕和代理孕母相繼出現，使生育可以獨立出來，脫離婚姻關係，就連獨身人士也可以用這些方法得到孩子。另外，男同性戀者可以用代理孕母的方法生產下一代，女同性戀者亦可以用他精受孕的方法得到子女。以上種種生殖模式都會對現有的家庭制度造成衝擊。

人工生殖與倫理

	人工生殖的方法	倫理問題
人工受精	用人工的方法令精子進入子宮，跟卵子結合。	基本上沒有問題
體外受精	在試管內令精子和卵子成功結合，再放回母親的子宮。	棄掉多餘的胚胎
他精人工受精	使用第三者的精子，用人工受精或體外受精的方法令女方懷孕。	孩子的權益問題
他卵人工受精	使用第三者的卵子，用人工受精或體外受精的方法，再將受精卵放回母親的子宮。	孩子的權益問題
代理孕母	使用第三者的子宮，用人工受精或體外受精的方法。	孩子及代理孕母的權益問題

生殖科技衝擊傳統家庭模式

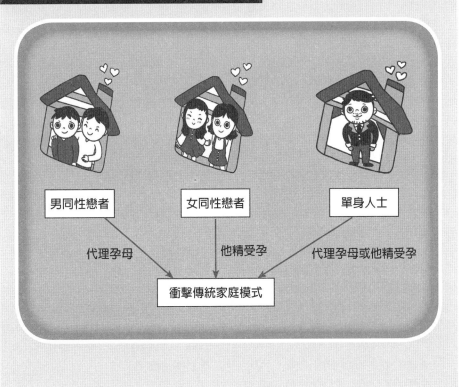

UNIT 3-7
基因改造

很多人擔心基因改造食物有害，理由是違反自然，這種推論方式其實是犯了訴諸自然的謬誤（見「訴諸自然的謬誤」那一篇）。比起基因改造食物，更大的爭議還是改造人類的基因。目前我們已經能夠選擇胎兒的性別，可以想像，基因技術的進一步發展，就是用來剔除人類的不良基因，消除所有遺傳上的疾病，甚至加入優良基因，產生智能和體能都十分優秀的基因改造人。有人擔心這種技術會造成不公平，例如將基因改造技術用於運動競賽和學業競爭上；不過，技術若是公開給所有人，就沒有人可以憑此占有優勢。但基因技術一旦商業化，可能會產生更多的問題，有錢的人可以用此技術來生產優質的下一代，而沒有錢的人就只好用自然生產的方式，智能和體能都較差，那麼，久而久之，階級就會兩極化，也可能出現「基因歧視」。

然而，我認為以上的擔憂有些過慮，因為它假定基因幾乎可以決定一切，不妨稱為基因決定論。我相信基因只能決定人的樣貌、健康、智能和體能，並不能決定人的意志力；基因改造可以消除人在生理上的缺陷，卻無法消除人格上的缺點，如自私、自大、缺乏同情心等。況且，個人的健康、智能和體能也有後天環境和個人努力的成分，不完全是先天的決定。即使消除了肥胖基因，但若暴飲暴食也會對健康不利，一個體能和智能都優越的基因改造人，也可能遇上意外變成殘障；相反，很多人都是憑著後天的努力，克服先天的缺陷而取得傲人的成就。

如果基因改造可以消除遺傳上的疾病，沒有了血友病、唐氏綜合症、地中海貧血病等不是好事嗎？生育更優良的下一代有什麼問題呢？有人擔心這種改造自然的優生學，會產生當年納粹黨的惡行，但這種擔心亦是過慮。納粹黨強迫弱智人士和精神病患者絕育，甚至殺害他們認為是低等的猶太人，都是違反人的基本權利。在今天人權高舉的現代文明社會，以優生之名，行邪惡之事，根本是不可能。

反對基因改造用於人類的另一個理由是，孩子本來是一種恩賜，他們的特質不可預知，父母對孩子的愛也是無條件的，但基因改造將孩子變成了產品，父母可以根據自己的喜好訂造心儀的孩子，孩子淪為滿足父母的工具，不但降低了人的尊嚴，也會損害父母和孩子之間的關係。這種說法有一定的道理，但實際情況並不見得那麼嚴重。即使是自然生育，父母也可以將孩子當成工具，例如：有人生子只是為了爭家產，「養兒防老」不也是一樣嗎？從另一個角度來看，大部分父母養育子女都是根據他們心目中的理想，從食用哪一個牌子的奶粉、讀哪一間幼兒園，到選擇什麼課外活動，莫不如是；如果從教育上栽培孩子沒有錯的話，為什麼透過基因技術改良孩子質素、增加他們的優勢，卻是錯的呢？我認為，只要沒有干預孩子將來的自主權就沒有問題。

基因改造固然可以製造更完美的人，但也可以製造有缺陷的人，美國有一對女同性戀者是失聰人士，用人工生殖的方法，生下一個失聰的孩子，不過，她們認為失聰不是一種缺陷，反而是一種認同。可以預見，自由市場也一定會出現這些情況。

反對與贊成基因改造的理由

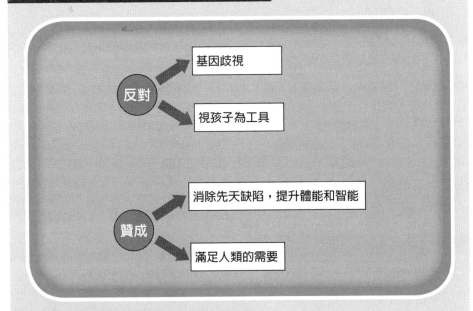

反對 → 基因歧視

反對 → 視孩子為工具

贊成 → 消除先天缺陷，提升體能和智能

贊成 → 滿足人類的需要

納粹優生學與現代優生學

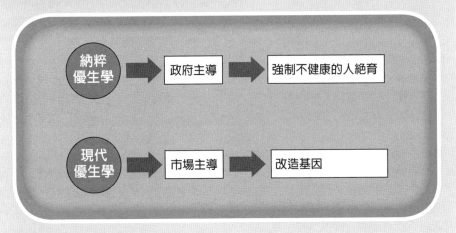

納粹優生學 → 政府主導 → 強制不健康的人絕育

現代優生學 → 市場主導 → 改造基因

知識補充站 ★優生學

大抵上可以視基因改造為一種優生學，而最早的優生學運動出現於二十世紀初的美國。1907年，印第安那州通過了強制精神病患者、罪犯，以及貧民絕育的法例，目的是為了使不良的基因消失，其後有29個州都跟著仿效。德國的希特勒上臺之後，也推行了這樣的優生絕育法，但後來過了頭，竟演變為種族滅絕的大屠殺。因此，現在提到基因改造，有些人就會聯想到希特勒的瘋狂行為。

UNIT **3-8**
複製人

比起基因改造，複製人似乎更引起大家的憂慮。可能是受小說和電影的影響，有人擔心獨裁者會複製一支完全聽命於他的軍隊，或者複製如希特勒之類的惡魔；有人則擔心複製人會被歧視或剝削，大量複製亦會降低基因的多元性。

我認為，這些擔心都是過慮，因為當中存在不少對複製人的誤解。首先，複製人也是人，同樣有人的尊嚴和權利，利用複製人作器官移植當然會被禁止，歧視或剝削複製人也是違反平等原則，道德上是錯誤的。另外，很多人以為複製人跟被複製者完全一樣，於是複製希特勒就會得到另一個希特勒，複製愛因斯坦就會得到另一個愛因斯坦，但其實複製的只是基因，複製人跟被複製者就好像雙胞胎的關係。當然，基因對人的智能和健康有一定的影響，但成長的環境和教育也有很重要的影響，特別是人格，即使是雙胞胎，有著相似的生長環境，但性格也可以完全不同，更何況是複製人，在後天方面，他跟被複製者有著更大的差別。至於大量複製的問題，亦是過慮，誰會有興趣大量複製自己，大量複製也就是大量生育，需要大量的經濟支持，在目前人口過剩、能源短缺的時代，根本不可能會出現。與其憂慮，倒不如思考如何管制這種技術，畢竟它已經存在。

有人認為，複製之所以錯誤是因我們扮演著上帝的角色，扮演上帝角色的問題在哪裡呢？我的理解是，科技就是力量，科技越先進，代表人類的力量越來越大，但人類卻欠缺上帝的智慧和慈愛，無法避免犯錯，目前我們正面對核戰的威脅及環境汙染的問題，不就是

明顯的證據嗎？這種擔憂有一定的道理，但科技本身是中性的，複製是否合乎道德的關鍵不在於技術本身，而在於誰有權使用這種技術，及目的是什麼。我認為，爭議最少的是將複製技術限制在家庭生育上，有些不育的夫妻渴望擁有血緣關係的子女，複製技術就可幫助他們；或是夫妻某一方有遺傳上的疾病，也可以用健康一方的基因繁殖下一代，這樣複製人就能受到家庭制度的保護。不過，父母複製死去的兒女會有更大的爭議性，因為這樣有可能使複製人活在別人的陰影下，產生身分認同的問題。

複製人其實是一種無性生殖的方法，一旦接納了這種生殖方法，對我們的社會制度一定會帶來衝擊。例如，單身男女利用複製技術製造下一代，是名副其實的單親家庭，同性戀家庭也可用這種方法，但就會對目前的孤兒收養產生負面的影響。

反對複製人的另一個理由是，現在的複製人技術還未成熟，在研究的過程中一定會製造大量失敗的實驗品，例如：成功製造一隻複製羊，就有兩百個失敗的產品。這的確是一個很強大的理由，即使只是犧牲十個就能成功製造一個複製人，也是不道德的。如果複製人技術已經成熟，不會有失敗的產品，那當然沒有問題，但若複製技術的發展必須經過這個階段，那複製人似乎就應該禁止。不過，也要視乎失敗的產品在哪一個階段，如果只是胚胎階段，那就跟墮胎和人工生殖所遇到的問題一樣。當然，即使胚胎不算是人，也不表示我們可以任意對待。

對複製人的誤解

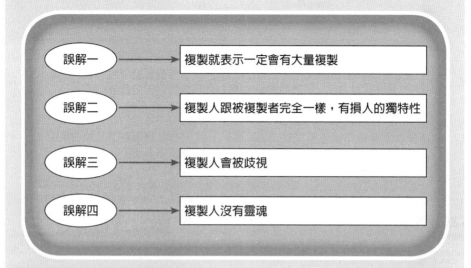

誤解一	→	複製就表示一定會有大量複製
誤解二	→	複製人跟被複製者完全一樣，有損人的獨特性
誤解三	→	複製人會被歧視
誤解四	→	複製人沒有靈魂

反對複製人的理由

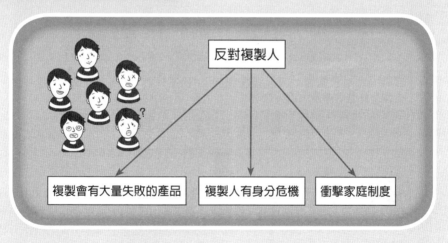

反對複製人

複製會有大量失敗的產品　　複製人有身分危機　　衝擊家庭制度

知識補充站　★幹細胞的爭論

幹細胞研究有很大的醫學價值，但幹細胞取自胚胎，同時會損壞胚胎，被認為是殺害生命，所以反對的聲音很強。用複製技術生產的胚胎又如何呢？有人認為它不是來自受精卵，所以沒有問題；但反對者認為，複製技術生產出來的胚胎也會發展為人，刻意製造一個生命，並且為了其他目的殺害這個生命，是極為不道德，即使這是為了崇高目的。有人主張可使用體外受精的多餘胚胎，反正這些胚胎也要銷毀，而且我們事前不知道那些胚胎是多餘的，不過亦有人認為這種人工生殖方式根本不道德，因為要銷毀的胚胎仍有生命價值。

UNIT 3-9
性別平等

圖解倫理學

　　無論中外，歷史上都充滿著男女不平等、男性壓制女性的情形，例如：只有男性有財產權和繼承權。聖經說女性是用男性的肋骨所造成，那當然是神話，但其象徵意義正是女性不能獨立自主，必須依靠男性。即使是哲學家，也一樣充滿偏見，比如說男性理性自主，女性情緒化、缺乏主見，亞里斯多德就將女性看成是未成長的人，跟兒童相似；連孔子也說「女子與小人難養也」，將女性跟小人等量齊觀。反觀柏拉圖沒有歧視女性，他認為女性經過合適的教育和訓練，也能擔任統治者。其實柏拉圖正道出了其中的關鍵，過往女性的能力比男性低雖然是事實，但這不過是社會化的結果；女性並不是先天就比男性差，只是在男性主導的社會，女性缺乏學習和工作的機會而已。

　　直到十九世紀，邊沁和彌爾對男女不平等作出全面的批評，積極為女性爭取權益。彌爾認為，如果給予女性受教育的機會，她們的能力絕不比男性遜色；他更指出，一些歌頌女性的品德，如「母愛」，其實是限制了女性的發展，因為她們幾乎將所有時間都花在照顧子女和家事上。根據功利主義，讓女性學習和工作，會帶來多數人更大的快樂。漸漸地，在西方社會，女性不但擁有受教育和工作的機會，更爭取到其他跟男性同等的權利，如選舉和投票權。到了今天現代文明的社會，男女在權利和機會上可以說是平等，多國更出現女性的首相或總統。可是，有人（特別是女性主義者）認為男女仍舊不平等，女性依然受到歧視，男性壓制女性的文化還是存在，例如：家務必須由女性來負責，女性要同時兼顧工作和家庭，因此她們的工作表現往往比男性低，而大眾文化和次文化，也潛伏著很多歧視女性的意識型態。馬克思主義更認為，男性歧視女性是源於財產私有制，只有改變現在的政治經濟結構，才能解決平等的問題。但什麼是平等呢？

　　「平等」是一個充滿歧義的語辭，這樣我們就很容易將不同的意義混淆，產生思想上的混亂。「平等」意味著一樣，但什麼「一樣」就不好說了，現在我以「如何待人」這個角度去了解平等的意思，由此建構出來的平等原則就是「一般來說，我們對待人要一樣；但有時必須有不同的對待，因為兩者有所差異，而這個差異足以證立不同的對待」。例如，犯罪要受到懲罰，所有人都應該一樣；但對於未成年的人，由於心智未成熟，所受的懲罰會較輕，或警戒了事，給予改過的機會。根據以上的平等原則，女性在權利上應該跟男性一樣，如同工同酬；但某些情況男女又必須有不同的對待才算是平等，如運動比賽時男女分組，因為男女在體能上有明顯的差距。

　　差異必須是先天的，不是社會化的後果，而且差異也必須跟不同的對待有相干性。假如我們發現男性先天上的空間辨認能力高於女性的話，那麼比例上較多男性當飛機師就是合理的。然而，實際應用上，仍然會碰到不少問題。例如，差異可能只是作為整體的男女差異，不表示一定是個體的差異，如就照顧小孩的能力而言，一般都是女性優於男性，但並不表示每一個女性都優於任何一個男性，所以聘用護士或幼稚園教師時只考慮女性，就是對男性不公平。

不同的哲學立場

柏拉圖	理性是人的能力，女性經過適當的教育和訓練，也能發展出智慧，擔任統治者的工作。
亞里斯多德	女性情緒化，缺乏主見，是未成長的兒童。
盧梭	男孩和女孩應接受不同的教育，男孩以發展理性為目標，培養勇氣和剛毅等品德；女孩以學習處理家事為目標，培養溫柔和耐心等品德。
沃斯通克拉夫特	女性也能發展出理性和獨立自主的能力，所以應享有跟男性一樣的政治權利。
彌爾	讓女性接受教育和出外工作，會為社會帶來更大的效益。

平等原則

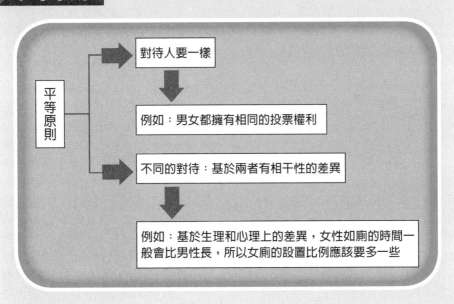

平等原則
- 對待人要一樣
  - 例如：男女都擁有相同的投票權利
- 不同的對待：基於兩者有相干性的差異
  - 例如：基於生理和心理上的差異，女性如廁的時間一般會比男性長，所以女廁的設置比例應該要多一些

知識補充站 ★優待性補償

由於過往對弱勢社群，如黑人和女性等的不平等對待，使他們在社會上一般處於較低的社經地位。為了彌補這些傷害，有人認為應該給予優待性的補償，以提升他們的地位，例如：大學預留一定比例的學位給這些弱勢社群，或是政府招聘時要有一定比例的弱勢社群。但這些優待性補償，往往會招來不公平的指責。

UNIT 3-10 同性戀

同性戀的議題可以分為兩個，一個是同性之間相愛，或者有性行為；另一個是同性婚姻合法化。當然，兩者是有密切關係的，後者可以說是前者的進一步訴求，反對前者一定會反對後者；但贊成前者不一定贊成後者。

基督教一般都會斥責同性戀，批評為不道德。中世紀神學家阿奎那認為，性行為的目的是生育，同性之間的性行為不可能生育，同性戀之所以錯誤就是因為它不能有生育的功能。事實上，聖經有不少章節都明確反對同性戀，如《利未記》說：「不可與男人苟合，像與女人一樣，這本是可憎的事」，以及「人若與男人苟合，像與女人一樣，他們二人行了可憎的事，總要把他們治死，罪要歸到他們身上」。但觀乎其他聖經的章節，似乎都是針對男同性戀，並未明言女同性戀也同樣不道德。

除了上帝的心意之外，有沒有其他反對同性戀的理由呢？常見的「理由」是違反自然，但這種說法其實是犯了謬誤，可參考「訴諸自然的謬誤」這一篇。有人認為同性戀是一種自戀，是對同一性別的自戀，排斥異性；有人更將同性戀和性濫交扯上關係，認為同性戀者多是性濫交者，有性無愛。說同性戀者多是性濫交者，尚欠充分的證據，即使性濫交不道德，但異性戀者一樣會性濫交，而且大部分風月場所都是為異性戀者而設。一方面批評同性戀者性濫交，另一方面卻容忍這些場所的存在，不但不一致，也給人偽善的感覺。

至於贊成同性戀的理由主要有兩個，一個是同性戀的傾向是先天的，有些人天生就是同性戀者，要改變他們的性傾向根本不可能，也是不道德的。但亦有研究指出，至少有部分的同性戀是後天形成。同性戀的成因是先天，還是後天，至今仍未有定案，但其實兩種因素可同時存在。

另一個更強大的理由是，人有戀愛的自由，有權選擇自己的伴侶，包括伴侶的性別，性傾向是個人的私事，旁人無權過問。以前有很多地方將男同性戀的肛交定為刑事罪行，但在今日高舉自由和平等的社會，這些行為已經除罪化。更有甚者，就是性傾向歧視的立法，依照目前的走勢，同性戀已慢慢被主流社會所接受，同性婚姻合法化將會是同性戀者下一個爭取的目標。

有些人雖然不反對同性戀的行為，但反對同性婚姻合法化，認為這會產生嚴重的後果。不過，他們通常誇大了後果的嚴重性，例如：一旦同性婚姻合法，下一步就會人獸婚姻合法，再下一步就會人物婚姻合法，這種推論其實是犯了謬誤，可參考「滑落斜坡的謬誤」這一篇。不過，同性婚姻合法一定會對社會和現存的家庭模式造成衝擊。同性戀者理論上不能擁有後代，那麼，同性婚姻越多，人口就會越減少。當然，同性戀者也可以通過收養，或人工生殖的方式得到子女。但在同性家庭成長的兒童，心理上是否會產生問題，或者會遭受異性家庭孩子的排斥和歧視呢？同性婚姻其實是一種社會實驗，我們要視它的效果如何才能判斷對錯。換個角度，同性婚姻正是對社會價值的改造，當然，不是任何社會都有充分準備作這種實驗或改造。

聖經反對同性戀

利未紀18章22節	不可與男人苟合，像與女人一樣，這本是可憎的事。
利未紀20章13節	人若與男人苟合，像與女人一樣，他們二人行了可憎的事，總要把他們治死，罪要歸到他們身上。
哥林多前書6章9至10節	無論是淫亂的、拜偶像的、姦淫的、作孌童的、親男色的……都不能承受神的國。
羅馬書26章27節	棄了女人順性的用處，慾火攻心，彼此貪戀，男和男行可恥的事，就在自己身上受這妄為應得的報應。

支持同性戀的理由

 ★部分女同性戀的社會成因

有些個案是這樣的，在男性主導的社會，某些女性所遇到的男性都不是好東西，只將她們當成洩慾的對象，後來更遭拋棄。他們發現只有女性才明白女性的感受，於是轉而投向同性的懷抱。成為同性戀者就是要證明她們不需男性，也可以得到性和愛的滿足。從這個角度來看，女同性戀現象其實是對男權當導社會的控訴。

UNIT 3-11
愛與性

圖解倫理學

愛有很多種，有親情、友情和愛情，其中只有愛情涉及性。有人認為愛情是神聖的，但性卻是汙穢的，所以性慾越少的愛情就越高貴。基督教的禁慾主義源於神學家奧古斯丁，支配著整個中世紀，直到宗教改革才得以改變。奧古斯丁未信奉基督教之前是一名花花公子，放縱於情慾，他深深體會到，沉迷於性慾會令人墮落，理性被情慾蒙蔽。他對男性的性衝動給了一個神學上的詮釋，性器官之所以不受意志的控制，是上帝對我們原罪的懲罰；由於人不服從上帝的意志，所以我們的性器官也不服從我們，性衝動帶有罪性，是可恥的。性交的目的只是為了生育，任何違反這個目的的性行為都是不道德的，所以連避孕和口交都是不道德的。中國文化的禁慾主義源頭是宋明理學，所謂「存天理，去人欲」，將天理和人欲對立起來，自然會產生性壓制的思想。

在傳統的社會，性和生育有直接的關係，婚前性行為和婚外性行為都不利於養育下一代，因為一般來說，孩子在家庭中成長才是最健康的，這也是婚前性行為和婚外性行為不道德的主要原因，將性限制於夫妻，有助維持社會的秩序。在傳統社會，愛情並不受重視，試想過去中國傳統社會的盲婚啞嫁，性的目的只是為了生育，傳宗接代。但在現代社會，性是愛的一種表達（這也是現代基督教的立場），加上避孕技術已相當成功，又有人工受孕，使得性和生育可以分離，我們可以享受性的快樂而無須承擔養育下一代的責任。

由過去的性壓制到現在的性開放，性不但跟生育脫離，也開始跟愛分家。當代哲學家高文正主張性愛分家，性行為跟愛、生育和婚姻沒有必然關係。高文認為，性行為只是滿足性的需要，沒有愛情的性交並沒有問題，愛也不一定要透過性行為來表達。只要將一般人際關係的道德規範，應用到性關係就可以了，所以，強姦是錯的，因為這是強迫人做自己不願意做的事，並且會帶來傷害；婚外性行為也可能是錯的，因為涉及欺騙伴侶的問題。高文還認為，性愛分家有助於愛情和婚姻關係的穩定，因為這樣我們就不會為了滿足性慾而結婚，將性慾和愛情混淆。我很懷疑高文的性愛分家論，婚外性行為多少會破壞婚姻的關係，即使不談道德，至少也會影響愛情的素質，因為專一是產生美感的重要因素，對愛人的專注會產生一種忘我的幸福，我懷疑擁有很多性伴侶的人能否感受這種幸福。

康德反對婚外性行為，因為在性行為當中，我們傾向將對方視為滿足慾望的工具，但在婚姻關係中，有了承擔和責任，我們就不會傾向將對方視為滿足慾望的工具。亦有反對者認為，性是愛情的進一步發展，身體上的接觸應該有心靈交流的基礎，有愛的性才是完滿的，沒有愛的性是有缺憾的。嫖妓是用金錢換取肉體的快感，性濫交者雖然是你情我願，不涉及金錢的交易，但只是視對方的肉體為工具，以滿足個人的慾望，降低了人的尊嚴。有人更擔心，性愛分家會為性濫交和嫖妓提供理論基礎，令這些現象日益嚴重，使縱慾文化變本加厲，由此所引出的性罪行亦會相應增加。

愛的分類

> 佛洛姆認為，愛的真正意義就在於跟他人融合，與親情和友情相比，愛情是最徹底的融合。完滿的愛情就在於融合之餘，又可以保持人的個性。

愛情	所有愛之中最濃烈和醉人的，唯一涉及性的愛。
親情	親情是最自然或本能性的。
友情	最理性的愛，因為朋友是自己選擇，志同道合才會成為朋友。
神之愛	無私的愛，是一種完全投入的愛，跟愛情有相似的地方，就是徹底融合。

兩種性愛觀

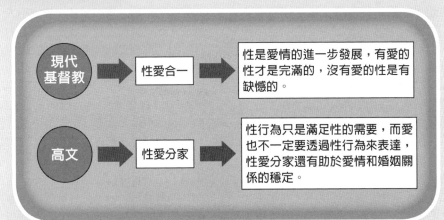

現代基督教　➡　性愛合一　➡　性是愛情的進一步發展，有愛的性才是完滿的，沒有愛的性是有缺憾的。

高文　➡　性愛分家　➡　性行為只是滿足性的需要，而愛也不一定要透過性行為來表達，性愛分家還有助於愛情和婚姻關係的穩定。

 ★柏拉圖的愛情觀

柏拉圖說上古時代的人是雌雄同體，是有四隻手、四隻腳的生物。但由於激怒了天神，被天神一分為二，變成男人和女人，從此之後，人就要追求自己的另一半，重回完整。所以愛情不但是精神的合一，也是肉體的合一，而肉體的合一就是性。

UNIT 3-12
色情

　　隨著社會越來越自由開放，加上資訊科技發達，色情事業也相應蓬勃起來，不斷衝擊著主流的道德觀。色情事業是廣義而言，包括賣淫、色情電影和刊物，及其他色情資訊。為方便討論，我將色情事業分為兩類，一類是像賣淫之類的性交易，簡稱色情服務；另一類是像色情電影和刊物，簡稱色情物品。現在我們只討論後者。

　　首先需要釐清「色情物品」的意思。色情物品透過展示性器官、性行為或姿勢，目的是引起觀眾的性慾，媒介可以是文字、影像或聲音。我們也需要區分幾個跟色情有關的概念，我將它們分成兩組，一組是「色情」、「裸體」及「藝術」；另一組是「色情」、「猥瑣」及「情色」。先分析第一組，色情包含裸體，但裸體不一定是色情，一般以為「色情」和「藝術」是排斥的，但其實不然。我們固然有裸體藝術，如古希臘的裸體雕像，那跟色情無關；我們也可以有色情的藝術，或者有色情成分的藝術，我想起畢卡索有幾張描繪女性性器官的人像畫，就十分色情。至於第二組，「猥瑣」是指極度惹人討厭或反感的事物，大部分色情物品都是猥瑣的，因為內容通常是強姦、誘姦、亂倫、雜交及性虐待等等，而「情色」則是表達性興奮，有愉悅的成分，但不是要引起性興奮；由此看來，情色與猥瑣是難以共存。

　　認為色情物品不道德的人指出，這類電影和刊物充滿著男性壓迫女性的意識型態，例如：強姦和性虐待。女性只是男性的洩慾對象，而長期使用色情物品更會令男性性慾高漲，增加了性犯罪率，危害社會。但反對者則認為，性是人的基本需要，透過使用色情物品來滿足性需要，並沒有傷害其他人，所以不應限制人這方面的自由，色情物品反而能降低性犯罪率，因為性慾得到了發洩。色情物品跟性犯罪的關係難以確定，現在還未有充分證據證明，我認為性犯罪的原因很多，使用色情物品頂多只是其中之一。

　　至於說色情物品歧視女性、降低人性的尊嚴，這倒是事實，長期使用色情物品極可能對人的心理有不良影響。但我認為不應全面禁止色情物品，因為這是損害人的自由，不過應該對色情物品給以適當的管制。例如，禁止未成年人士使用，因為他們心智未成熟，自制力不夠，會造成極差的後果，有傷害性，當然，這是限制某些人享用色情物品的自由。又例如，色情物品不能在公共場所展示，因為會令其他人感到憎惡和討厭，有冒犯性，當然，這又會限制人得到色情物品資訊的自由。可是，實際執行要統一標準，即使沒有色情成分的藝術品，由於有裸露性器官，也應禁止在公共場所展示，但這又會引起爭議，試想，若米開朗基羅的大衛像要擺放在公共場所，就必須用布掩蓋性器官，那是何等的笑話！

色情、裸體及藝術的關係

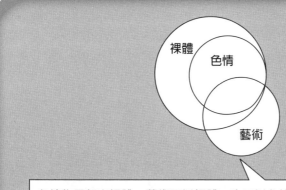

色情物品都有裸體，藝術可以裸體，也可以色情。所以，若單單因為裸體就禁止的話，古希臘的《維納斯女神像》和米開朗基羅的《大衛像》，都要查禁。

色情物品的限制

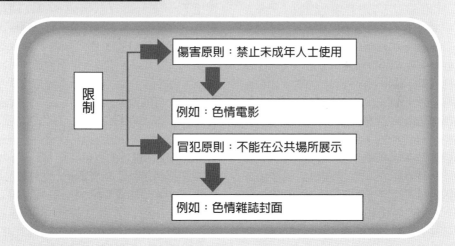

★藝術與道德

知識補充站

有人認為，藝術有其自足及獨立的價值，不應受到任何政治或道德的審查；藝術家有充分創作及表達的自由，一件作品在道德上的價值跟作品評價也完全沒有關係。但有人卻認為，一件作品若有色情的成分，也應像其他色情物品受到限制；藝術並沒有特權，一件嚴重違反我們道德意識的作品，即使表達得如何優美，手法如何獨特，也不會是好的作品。

UNIT 3-13
賣淫

圖解倫理學

賣淫是人類最古老的行業之一，也常被批評為不道德的交易，究竟不道德在哪裡呢？在「愛與性」那一篇，我們提到性愛合一的理論，性必須有愛為基礎，有人更表示性必須限制在婚姻關係之內，所以婚外性行為和婚前性行為都是不道德的，嫖妓當然也是不道德。亦有論者認為，嫖客和妓女都是性濫交者，嫖客只為滿足性慾，妓女只不過是其洩慾的工具，妓女為金錢出賣肉體，都是有損人的尊嚴。

持反對意見者則認為，滿足性慾十分自然，沒有不道德的問題，嫖客和妓女不過是你情我願的公平交易，只要不傷害到其他人（但如果嫖妓者已婚，對妻子可能就有不忠或欺騙的問題），旁人根本無權過問。有人更認為，賣淫有著重要的社會功能，首先是滿足了男性的性慾需要，間接保護了良家婦女，因為性慾是一種自然而強大的慾望，如果沒有宣洩的渠道，很多人都不能自制，那麼就會有侵犯女性的行為出現。而且，賣淫能為某些女性提供就業的機會，改善她們的生活條件，過去所謂「男盜女娼」，將賣淫跟盜賊等量齊觀，只不過是一種職業歧視，而娼妓和賣淫這些名稱本身就充滿歧視，應該改為性工作者和性服務。

不過，賣淫也往往涉及其他犯罪的問題，由於需求龐大，不法分子會逼良為娼、誘拐無知少女，甚至綁架貧窮國家的婦女，販賣到富裕的國家當娼妓，即使是自願為娼的女子，也有不少人受到黑幫的操控和剝削。所以有人認為，只有禁止賣淫，才可斷絕這些不法活動。但正如前面所言，賣淫活動是由需求所帶動，沒有男人想嫖妓，也就不會有賣淫的事業；那麼，禁止賣淫是否也表示嫖妓犯法呢？在那些法律禁止賣淫的國家之中，有不少也存在蓬勃的非法賣淫事業，若加上政府腐敗，嫖妓更成為特權分子的專利。即使賣淫不道德，並不表示一定要用法律取締，正如說謊不道德，但也沒有法律禁止。不用法律禁止賣淫的原因是違反人的自由權利；其次是需求太大，根本禁不了，而且賣淫可以是關上門，兩個人之間的事，檢控並不容易；若將賣淫定罪，比起醉酒駕駛，賣淫只是較輕微的罪行，起不了阻嚇作用。

與其禁不了，有人便提出娼妓合法化，一來可以管制娼妓，設立紅燈區，將賣淫活動遷離民居，避免騷擾市民；發牌給妓女，遇上糾紛也可以追究；同時可以規定妓女定期驗身，驗出有性病的話，就要停止營業，這樣即可阻止性病的蔓延，特別是致命的愛滋病。二來可以打擊黑幫，保護妓女免受黑幫的操控。三來可以集中力量打擊紅燈區外非法經營的色情場所。不過，反對者認為這是不切實際的。由於需求問題，非法的賣淫活動一定會繼續存在，若不能杜絕的話，設立紅燈區根本是多此一舉。但這種看法忽略了賣淫跟其他嚴重罪行的關係，如之前提及的逼良為娼、誘拐少女和販賣人口；合法化可以將賣淫跟這些罪行切斷，由合法的商人經營。

支持賣淫合法化的理由

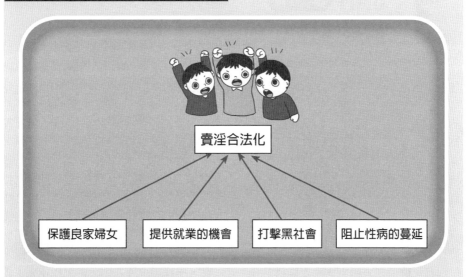

賣淫合法化

保護良家婦女　　提供就業的機會　　打擊黑社會　　阻止性病的蔓延

反對賣淫的理由

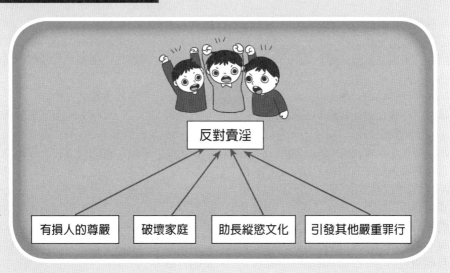

反對賣淫

有損人的尊嚴　　破壞家庭　　助長縱慾文化　　引發其他嚴重罪行

 ★販賣婦女

提到由賣淫事業所引致的嚴重罪行，那就非「販賣婦女」莫屬，特別是在一些政治腐敗、經濟不大發達的地方，例如：南亞、東歐和南美。被販賣的婦女當中，有不少是未成年的少女，除了被強迫在本國賣淫之外，這些婦女也會被販賣到外國，例如：日本和美國等經濟發達的地方。由此看來，賣淫也存在著富裕者對貧窮者的壓制和剝削，難怪馬克思也反對賣淫。

UNIT **3-14**
動物權利

圖解倫理學

維護動物利益的人常以動物權利作為理據,可是,「動物權利」的意思是有待釐清的。第一,什麼動物才享有權利的資格呢?相信沒有人會認為昆蟲也有資格。第二,就是權利的意思。很多提出動物權利主張的人其實並不太清楚,如果動物擁有某些消極權利的話,則所有人有義務不做某些行為;如果動物擁有某些積極權利,則有人有義務做某些行為。第三,究竟動物擁有什麼具體的權利呢?宣稱動物權利的人往往沒有交待清楚,如果說不出動物有哪些權利,我們根本就不知道要承擔什麼義務。

宣稱動物權利的人通常會說動物有生存的權利,但如果動物有生存權利的話,其消極意義就是所有人都不可以傷害動物的生命;那麼,我們就不能吃動物,而堅持動物有生存權利的人,願意承擔這些義務嗎?有哲學家就主張,為了免除動物這方面的痛苦,人有責任成為素食者;其實也不一定,因為我們可以在不傷害動物的情況下食用牠們的產品,例如:雞蛋和牛奶。如果動物有積極生存權利的話,情況就更糟,因為我們會陷入兩難之中,比如說獅子要吃白兔,我們要不要阻止呢?若不阻止,我們就侵害了白兔的積極生存權利;阻止的話,則侵害了獅子的積極生存權利。如果動物有自由和隱私權利的話,那麼我們就必須關閉動物園,也禁止飼養寵物。

似乎只有一種動物權利比較合理,就是動物有不受不必要痛苦的權利。根據這個標準,很多動物實驗都必須禁止,例如:拿動物來測試化妝品、護膚品、洗髮水等;不過,用動物來測試醫治絕症的藥物是有必要的,因為停止這些實驗將會大大損害人類的利益。然而,澳洲哲學家辛格就堅持必須平等地看待動物,給予牠們相同的道德考慮。從這個角度來看,動物實驗只是為了人類的利益而將痛苦加諸於動物身上,所以必須全面廢除。辛格更認為,食用動物和動物實驗都是物種主義的表現方式,所謂物種主義,就是將自己物種成員的利益看得比其他物種重要,違反了平等原則,情況跟種族主義相似。

不過,我認為動物權利這種說法並不成立,因為「權利」是一種索取,動物根本不了解什麼是索取,也不會有索取的行動。當然,這不表示我們可以隨意對待動物,我們仍然應該善待動物,差別是,這些義務不是來自動物有什麼權利,而是來自人作為一個理性存在本身。但人類要生存,也需要吃其他生物,如何平衡兩者的利益呢?我認為可採用人道主義的立場,即不應給動物承受不必要的痛苦。虐待動物就一定是不道德,即使飼養食用的動物,也要合乎某些條件,例如:空間不可太擁迫、屠宰時要用人道的方法,即產生最少痛苦的方法。

動物權利及對應的義務

權利	義務	例子
生命	不可以傷害動物	禁止吃動物及用動物做實驗
自由	不可以囚禁動物	禁止經營動物園
財產	不可以占用動物的產品	禁止食用牛奶、雞蛋、蜂蜜

哲學家對動物的態度

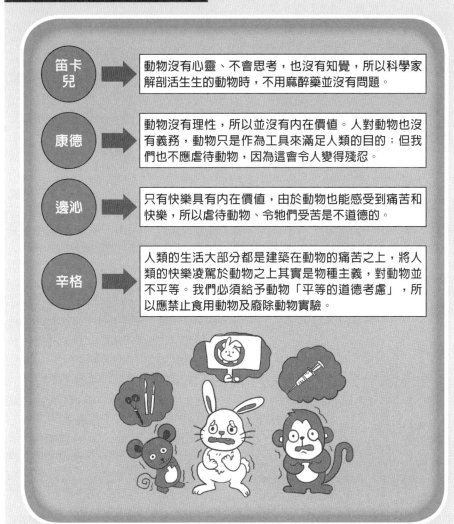

笛卡兒 ➡ 動物沒有心靈、不會思考，也沒有知覺，所以科學家解剖活生生的動物時，不用麻醉藥並沒有問題。

康德 ➡ 動物沒有理性，所以並沒有內在價值。人對動物也沒有義務，動物只是作為工具來滿足人類的目的；但我們也不應虐待動物，因為這會令人變得殘忍。

邊沁 ➡ 只有快樂具有內在價值，由於動物也能感受到痛苦和快樂，所以虐待動物、令牠們受苦是不道德的。

辛格 ➡ 人類的生活大部分都是建築在動物的痛苦之上，將人類的快樂凌駕於動物之上其實是物種主義，對動物並不平等。我們必須給予動物「平等的道德考慮」，所以應禁止食用動物及廢除動物實驗。

UNIT 3-15
保護環境

圖解倫理學

相信沒有人會反對保護環境，但保護環境卻有著不同的理由，而這些理由會導致不同的環保措施，也存在潛在的衝突。

即使只是爲了人類的利益，我們都應該保護環境，道理很簡單，如果我們繼續破壞環境的話，受害的始終都是人類本身。比方說，我們要保護熱帶雨林，其中一個原因就是這裡有很多稀有的樹木品種，可提煉出醫治疾病的藥物，有益於人類；另一個更重要的原因是，熱帶雨林可以吸收二氧化碳，放出氧氣，若熱帶雨林持續減少的話，全球暖化的問題就會急劇惡化。全球暖化會使冰川溶解，導致水位上升，危害到沿岸及低窪地區居民的生命和財產；由於冰川能反射陽光，有調節氣溫的作用，所以冰川溶解又會使氣溫進一步上升，造成惡性循環；更嚴重的後果是，若北極的冰帽融化，大量淡水會注入海洋，這等於關掉調節全球氣候的水流，最終導致冰河時期的來臨，那是災難性的。

除了人類之外，其他有知覺的生物也能感受痛苦和快樂，汙染環境會破壞這些動物的棲息地，間接對牠們造成傷害。亦有人認爲所有生命個體都必須尊重，不能任意傷害，除了動物之外，也應包括植物。但問題是，我們要生存，也要食用其他生物，如果所有生物都有相同的價值，殺掉生命跟尊重生命豈非衝突嗎？

我認爲，不同的生命形式具有不同的價值，一般來說，可用意識和知覺的程度來判斷。在已知的生物中，只有人類具有高度的自我意識，及複雜的感受能力。高等的動物如貓狗，是具有意識的；低等的動物如魚類和昆蟲，可能沒有意識或知覺，或者只有極微弱的意識或知覺，我相信植物也是一樣。即使我們對其他生物有道德的義務，也因應生物的意識和知覺之高低而有差別。

大地倫理學和深層生態學認爲整個大自然或地球本身具有內在價值，我們不但不可以隨意破壞環境，由於人類的智慧和能力，我們還有責任維持生態平衡及物種的多元性。從這個角度看，道德的關懷就不限於生物，也包括非生物的自然環境。但自然環境有內在價值是什麼意思呢？假設月球上沒有任何生命，那麼，殞石墜落月球是否會破壞環境呢？有損月球的內在價值嗎？由此看來，自然環境的價值跟繁衍生命有很大關係，自然環境似乎並沒有獨立於生命的價值。大地倫理學和深層生態學也跟人類利益存在潛在的衝突，某類環保分子就認爲致命的傳染病、饑荒和戰爭是好事，因爲可以大量降低人口，減少人類對地球的傷害。其實大地倫理學和深層生態學關心的只是物種，並不是個別的生物，爲了維持他們所講的生態平衡，甚至需要用捕殺的方式去控制物種的數量；但從動物利益及尊重生命的角度，考慮的卻是個別的生物，所以會反對這種控制動物數量的捕殺行動。

道家思想也是以自然爲中心，但道家強調的是無爲，即不作過度的人爲干預，所以道家不會像大地倫理學和深層生態學那麼積極進取。道家主張過簡樸的生活，正好對應今日的消費主義和科技至上的心態，對保護環境也有貢獻。

保護環境的四個理由

❶人類利益 ➡	致力於保育自然資源和減少汙染
❷有知覺生物的利益 ➡	注重個別的生物
❸尊重生命 ➡	注重個別的生物
❹地球有內在價值 ➡	重視物種的多樣性和生態平衡

儒家與道家

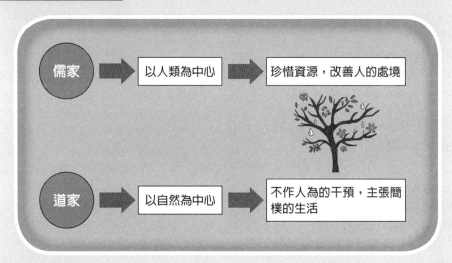

儒家 ➡ 以人類為中心 ➡ 珍惜資源，改善人的處境

道家 ➡ 以自然為中心 ➡ 不作人為的干預，主張簡樸的生活

知識補充站 ★人類中心主義

人類中心主義可以說是人類過去幾千年的主流思想，人是價值的來源，萬物是因人類才有價值可言。古希臘哲學家普羅泰戈拉說：「人為萬物的尺度」，最能表達這種觀點；而基督教則是最具人類中心主義色彩的宗教。《聖經》說：「上帝照自己的形象創造了人。上帝賜福他們說：『你們要生育許多子女，使你們後代遍布全世界，控制大地。我要你們管理魚類、鳥類和所有動物』。」有人認為這種思想會導致人與自然的對立，產生出宰割自然的態度。

UNIT **3 - 16**
戰爭

為什麼有戰爭？起因多是侵略、報仇、爭奪利益等；或者可以這樣說，戰爭是解決這些衝突的最後方法。很多人視戰爭為邪惡，因為戰爭充滿破壞和傷害，但亦有人視戰爭為神聖。對於戰爭，至少有三種哲學立場，分別是浪漫主義、和平主義和現實主義。

浪漫主義者認為戰爭是必須的，因為它不但可以清除社會上的弱者，也能夠培養出高貴的品質，如勇氣、堅毅、團結、果斷、智慧等。事實上，戰爭是關乎生死存亡，的確能夠將人的天資和能力發揮到極致。跟浪漫主義剛好相反，和平主義者認為戰爭是邪惡的，因為戰爭中殺人是無可避免，衝突應該用非暴力的方法來解決，只要大家都遵守這原則，就不會有戰爭。現實主義則界乎浪漫主義與和平主義之間，戰爭根本不能令人性變得高貴，但戰爭雖然不好，有時卻不可避免；不過仍要對戰爭加以限制，減低不必要的傷亡。

三種立場中，我認為只有現實主義可取。浪漫主義將戰爭浪漫化，不合乎事實，即使要提升勇氣、堅毅、團結等品質，也有別的方法，這樣做的代價太大了；況且，戰爭也可能令人變得殘暴和瘋狂。和平主義者精神高尚，但不切實際。因為如果連自衛戰爭都是錯的話，又怎麼可以保護無辜者的生命呢？如果被侵略也不作抵抗的話，那不是助長邪惡嗎？

雖然戰爭是不可避免的，但究竟在什麼情況下開戰才是合理呢？有沒有戰爭不但不違反道德，道德上反而正確呢？現實主義也有不同的版本，我贊成的是正義戰爭。正義戰爭理論的奠基人

是西元四世紀基督教教父奧古斯丁，再經過阿奎那等神學家幾百年的討論和修改，最後訂出了正義戰爭的條件，總共有六個，前四個是開戰的條件，最後兩個是戰事進行時要遵守的規則。

雖然正義戰爭仍有爭議性，但至少可確立標準，用來譴責不正義的戰爭。比方說核子戰爭就一定是不正義的，因為它違反了正義戰爭的最後兩個規則，一旦爆發核戰，不只人命傷亡無數，更嚴重還會破壞生態環境，核子戰爭可以說是沒有勝利者的戰爭。可是，出現了911襲擊之後，核戰的風險亦增加了，恐怖主義者為了報復，可能會不惜一切同歸於盡。

戰爭可以消除嗎？人類可否享有永久的和平呢？第一次世界大戰之後，為解決國際的紛爭，出現了國際聯盟，但由於美國沒有參加，國際聯盟並沒有實質的力量；而第二次世界大戰則促成更有實質力量的聯合國誕生，由國際聯盟到聯合國，是我們邁向永久和平的一小步。我相信，如果越來越多人從「世界公民」的角度思考，聯合國就會慢慢得到更多的承認，最終各國都願意交出部分主權給聯合國，畢竟我們需要一個能夠仲裁國際紛爭的機構。正如孟德斯鳩所言，國際法就是國家之間的法律，雖然國際法還未有真正的法律效力，但二次大戰之後，人類歷史上首次對戰爭罪犯進行審判，即著名的紐倫堡大審判和東京大審判；前者的審判對象是德國納粹主義的戰犯，後者則是日本軍主義的戰犯，所依據的就是國際法。審判戰犯有極其重要的意義，追究戰爭責任亦可阻嚇發動侵略戰爭。

對戰爭的立場

理論	例子
浪漫主義	尼采認為戰爭是人的天性，是生命力的表現，戰爭所帶來的苦難也是我們學習的好機會。
和平主義	耶穌反對任何暴力，主張用愛來化解仇恨。
現實主義	馬基維利認為，為了保護國家的安全，主動的攻擊是必須的；即使是違反道德的卑劣的手段，也都必須使用。

正義戰爭的條件

開戰條件	戰時規則
由一個合法的政權宣戰	❶合乎比例：只要戰爭的目標達成就必須停止，搶掠、濫殺、強暴、虐待戰俘等行為都必須禁止，違者會被處分。
必須有正當的理由，例如：保衛國家	
宣戰是最後的途徑，應設法用和平的手法來解決問題，例如：談判	❷分辨原則：要區分作戰人員和非作戰人員，不要攻擊非作戰人員；也要區分軍事設施和非軍事設施，不要攻擊非軍事設施。
宣戰的目的是帶來和平，並且要尊重敵人	

⬇

正義戰爭理論所講的條件尚有爭議和修改的空間，比方說戰爭時要執行的兩條規則，第一條規則比第二條容易遵守。在戰場上，要區分作戰人員和非作戰人員並不容易，因為敵人可能會偽裝成平民，又或者用平民作掩護，要攻擊敵人就會同時傷害平民。武器亦可藏於民居，那麼，軍事設施和非軍事設施亦難以區分。

UNIT 3-17
貧窮

貧窮當然不好，但一般人認為，貧窮只是一個社會問題，貧窮的主要原因是當事人不努力學習和工作，所以貧窮人士自己要負上很大的責任。但亦有人認為，若社會本身是不公正的話，貧窮就是一個道德問題，因為貧窮人士受到剝削，資源分配有欠公平。例如，馬克思主義就認為，資本主義必然會導致貧富懸殊，無產階級受到資產階級的壓迫和剝削。但從自由主義的角度看，在自由市場大家公平競爭，有能力的人自然會獲得更多的社會資源作為回報，結果是公正的。在已發展的國家，貧窮人士的溫飽基本上沒有問題，只是生活水準為社會上最差的一群，貧窮只是相對來說。但在某些發展中國家，貧窮可以說是絕對性，每天都有大量的人死於飢餓和藥物不足，富裕國家是否有責任援助貧窮的國家呢？

哲學家辛格認為援助貧窮國家是理所當然的，他指出，如果我們有能力阻止某些很壞的事情發生，又不會因此犧牲任何具有道德意義的事，我們就有責任去阻止它發生，因為缺乏食物、藥物和居所導致的苦難或死亡，是很壞的事情。換言之，富裕國家有責任去援助貧窮國家的人民。當然，辛格所講的「具有道德意義的事」並不明確，也存在爭議性，比如說每個人都有自己的人生目標，這算不算是「具有道德意義的事」呢？但很明顯，辛格將救濟窮人視為責任，而不是慈善，不做的話，就是不道德。美國哲學家拉塞斯甚至認為，為了提供足夠食物給貧窮國家的人民，富裕國家的人民必須成為素食者，因為肉食其實是一種浪費。我們用穀物飼養動物，然後吃動物的肉，為了吃一磅的肉，我們需要八磅的穀物，如果直接吃穀物的話，就可省下七磅的穀物來救濟窮人。

不過，環境科學家哈汀卻警告我們，不要救助貧窮國家的人民。他提出了著名的救生艇理論，認為地球上的富裕國家就好像漂浮在大海的救生艇，而貧窮國家的人民就像在海中等待救援，否則就會溺斃，但每個救生艇的容量有限，根本無法拯救這麼多人。哈汀認為，饑荒是自然控制人口的方法，若繼續救助貧窮國家的人民，貧窮國家人口的增長就會遠高於富裕國家，這只會拖累富裕國家，如同救生艇超載沉沒。為了使人類不至於滅亡，所以不應救助貧窮國家的人民，這才是合乎道德，而且這些國家的統治者也應為他們的管理不善付出代價。

哈汀的說法有誇大之處，但極端總會遇上極端，瓦特生就認為，根據平等原則，我們必須將食物平均分配，即使這樣做會導致人類滅亡，在道德上也是正確的。相信很少人會接受以上兩種對立的極端主張，我認為，救助是應該的，這是基於人道精神，而且貧窮國家之所以貧窮，某程度也跟富裕國家有關。例如，到非洲開採自然資源、剝削貧窮國家的人民，也造成環境汙染等問題；更有甚者是介入他們之間的衝突，導致戰爭，戰爭和環境汙染也是令這些國家貧窮的原因。但救助也要量力而為，正如每個人都有自己的人生目標，每個國家也有其發展的計畫。而且，救助必須配合政治改革，因為不少貧窮國家的政府都是貪腐無能，很多援助都被政府官員中飽私囊。

是否應援助貧窮？

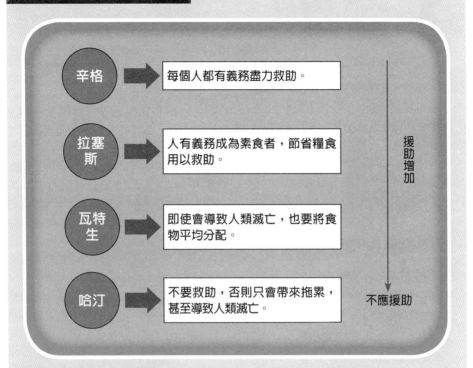

辛格 ➡ 每個人都有義務盡力救助。

拉塞斯 ➡ 人有義務成為素食者，節省糧食用以救助。

瓦特生 ➡ 即使會導致人類滅亡，也要將食物平均分配。

哈汀 ➡ 不要救助，否則只會帶來拖累，甚至導致人類滅亡。

援助增加

不應援助

貧窮國家的成因

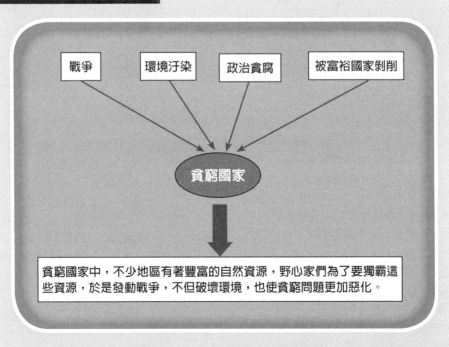

戰爭　環境汙染　政治貪腐　被富裕國家剝削

貧窮國家

貧窮國家中，不少地區有著豐富的自然資源，野心家們為了要獨霸這些資源，於是發動戰爭，不但破壞環境，也使貧窮問題更加惡化。

UNIT 3-18
恐怖主義

圖解倫理學

每當大家一聽到「恐怖主義」這個名稱時，直覺上多判斷爲不道德，不是嗎？像911這類事件，殺害了大量無辜的平民，即使在正規的戰爭中，這樣做也必定受到譴責。然而，這些施以襲擊的恐怖分子，在他們所屬的團體中，卻是爲正義而犧牲的英雄，他們也不會稱自己爲「恐怖分子」，而是「自由戰士」。

「恐怖主義」本身就是一個負面的標籤，但它似乎並沒有明確的意思，由暗殺、汽車炸彈，甚至用刀傷人，都可歸入恐怖襲擊，就讓我們嘗試這樣定義：「採用暴力，不惜殺害無辜的人，引致恐慌，意圖達到某些政治目的。」二次大戰時，美國在日本投下原子彈，盟軍也對德國進行無差別的轟炸，根據這個定義，都可以叫做恐怖襲擊。有人認爲這不算是恐怖襲擊，因爲這是眞正的戰爭，是國與國之間的對戰，那麼，以色列和巴勒斯坦之間的衝突又如何呢？如果說巴勒斯坦的自殺式襲擊是恐怖主義，爲什麼以色列的轟炸卻不算呢？對於巴勒斯坦人來說，這正是恐怖襲擊。軍事上以色列有壓倒性的優勢，而自殺式襲擊則是巴勒斯坦對抗的方法，那是以最少的成本，達致最大的效用。對巴勒斯坦來說，以色列占據了他們的土地，攻擊以色列就是爲了拯救巴勒斯坦的人民，這是正當的理由。問題是，即使理由正當，就可以殺害無辜的人嗎？當然，從定義上看，恐怖主義不一定要殺害無辜，它可以針對戰鬥人員，或負責的政府官員。另外，從恐怖分子的角度來看，他們不一定是無辜的，美國的911襲擊之後，賓拉登就宣稱所有美國人對於伊斯蘭世界的惡行都要負上責任。

但恐怖襲擊眞的能達到其政治訴求嗎？2004年蓋達組織在馬德里發動了恐怖襲擊，導致一百九十多名無辜市民被殺，於是西班牙政府撤走了位於伊拉克的軍隊，蓋達組織宣稱行動帶來了實質的成果。但即使沒有什麼實質的成果，恐怖襲擊還是陸續發生，有時眞的很難令人相信，會有孕婦在身上綁炸彈，然後衝入購物商場引爆。爲什麼施襲者會不惜毀掉自己的生命來殺害無辜的人呢？那就是爲了復仇，但仇恨的來源爲何呢？這不就是長期以來西方國家對伊拉克、伊朗和阿富汗等伊斯蘭國家施以不公平的對待，才引致憤怒嗎？有時我想，有些國家繞過半個地球去干預別國的文化和宗教，甚至帶來軍隊，難道不是先給他人製造恐怖嗎？從這個角度看，恐怖襲擊正是「恐怖的回贈」。當然，我也不贊成恐怖主義的報復行爲，但竟然有不少人從世界各地前來加入「伊斯蘭國」的軍隊，就足以推測背後有著更多人支持這個恐怖主義國家，也反映出西方國家有其不合理之處。

恐怖襲擊有可能發展到全面的戰爭，就以伊斯蘭教的極端組織爲例，一個比一個恐怖，一個比一個極端；越反恐，恐怖襲擊的規模也越大，現在甚至還出現了以恐怖主義爲名的伊斯蘭國。如果恐怖分子只是爲了復仇的話，那就更加恐怖了，因爲復仇者會不惜一切同歸於盡。

恐怖主義的目的

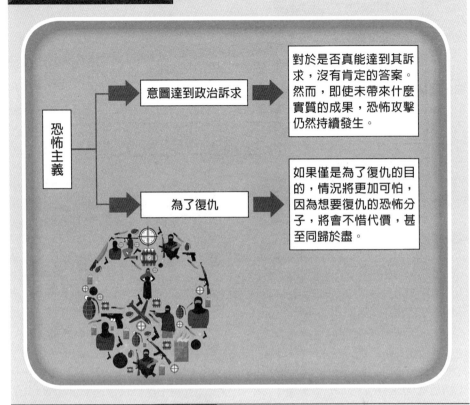

恐怖主義 ──→ 意圖達到政治訴求 ──→ 對於是否真能達到其訴求，沒有肯定的答案。然而，即使未帶來什麼實質的成果，恐怖攻擊仍然持續發生。

恐怖主義 ──→ 為了復仇 ──→ 如果僅是為了復仇的目的，情況將更加可怕，因為想要復仇的恐怖分子，將會不惜代價，甚至同歸於盡。

反對恐怖主義的理由

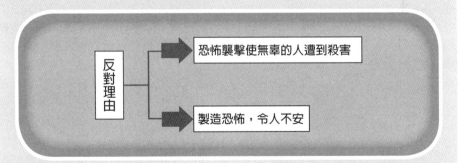

反對理由 ──→ 恐怖襲擊使無辜的人遭到殺害

反對理由 ──→ 製造恐怖，令人不安

知識補充站 ★北韓是恐怖主義國家嗎？

最近北韓頻頻發射導彈，威脅周邊國家的安全，這究竟算不算是恐怖主義呢？北韓此舉當然有其政治目的，但卻不算是恐怖主義，因為恐怖主義是以造成實質傷害來製造恐怖不安的效果，藉此來達成其政治目的，例如：復仇，或是爭取獨立。北韓這樣的舉動，只是純粹「恐嚇」。

UNIT **3-19**
亂倫

除了恐怖分子及其支持者外，相信大部分人都會譴責恐怖主義，而亂倫更是絕大部分人所反對的。多數人一聽到「亂倫」，就已經感到強烈的厭惡。事實上，所有社會都有亂倫的禁忌，然而，有些社會卻容許亂倫的存在，例如：古代有些皇朝容許皇族之間的亂倫行為，以確保血統純正，維持政治權力；又如在一些人煙稀少、每個家庭都相隔很遠的地方，兄弟姊妹結成夫婦也是容許的。或許有人認為這些都是特例，而且，即使有些社會容許亂倫的行為，也不表示亂倫就沒有違反道德，因為由事實推論不出應該如此。

究竟有什麼理由反對亂倫呢？第一，近親性交很有機會產生出有基因缺陷的子女，也減少了基因的多樣性，不利種族的生存。第二，長輩會性侵年幼的家庭成員，造成極大的傷害。第三，家庭正是性慾得以正當化的制度，亂倫會破壞家庭結構，混亂了家庭成員的角色，產生身分認同的問題。第四，家庭是組成社會的重要單位，破壞家庭會危害社會。

但其實以上每一個理由，我們都可以找到反例或疑點。第一，如果產生出有基因缺陷的子女是不道德的話，那麼，我們是否要禁止患有遺傳病之人生兒育女呢？第二，性侵未成年者這種行為本身就是錯的，跟侵犯者的身分沒有關係。第三和第四，同性婚姻也一樣被指責為破壞家庭結構、危害社會；如果我們接受同性婚姻，卻反對亂倫，是否不一致呢？當然，我們也可以爭論亂倫在這四方面造成的問題都特別嚴重。第一，亂倫不但有機會產生有缺陷的下一代，也會減少基因的多樣性。第二，若是被跟自己有血緣關係的人所侵犯，那種傷害會更大。第三，亂倫動搖了家庭成員的性關係，對家庭結構的破壞會更大，因為性會引起強烈的嫉妒和猜疑。以上三者加起來，對社會的危害便更大。德國有一個案例是這樣的，當事人自幼被人領養，長大後重遇親生父母，與妹妹發生戀情，並生下四名子女，其中兩人是殘疾。當事人被法院判定為亂倫罪，理據就是保護家庭結構、公共衛生和社會安全，後來他上訴到歐洲法院，指判決違反他的人權（性生活權利和家庭生活權利），但最後歐洲法院裁定德國法院的判決並沒有違反《歐洲人權公約》。

不過，有哲學家認為，並非所有亂倫都會產生以上的問題。Elizabeth Harman就舉了一個例子，兩個已經成年的兄妹同意進行一次性交，雙方也做好避孕措施，並將之視為祕密，絕不向第三者透露。其實這是訴諸自由主義，成年人之間有權做任何事，只要不傷害他人。不過，為什麼要保密呢？是否因為被人知道會帶來傷害呢？最近，香港也發生一宗父親與女兒的亂倫案，兩人是自願發生性行為，而且女兒已經成年，但對兒子卻造成很大的精神困擾。即使有些亂倫沒有造成實質的傷害，其頂多可以免除法律的刑責，未必沒有違反道德，因為不傷害只不過是道德的底線。

反對亂倫的理據

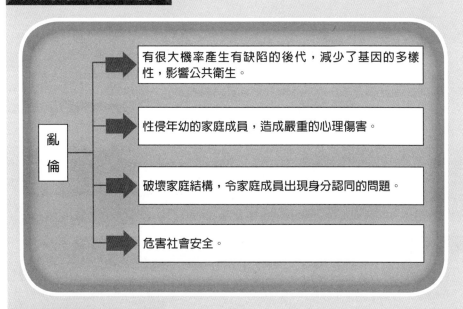

亂倫

→ 有很大機率產生有缺陷的後代，減少了基因的多樣性，影響公共衛生。

→ 性侵年幼的家庭成員，造成嚴重的心理傷害。

→ 破壞家庭結構，令家庭成員出現身分認同的問題。

→ 危害社會安全。

道德VS.不傷害

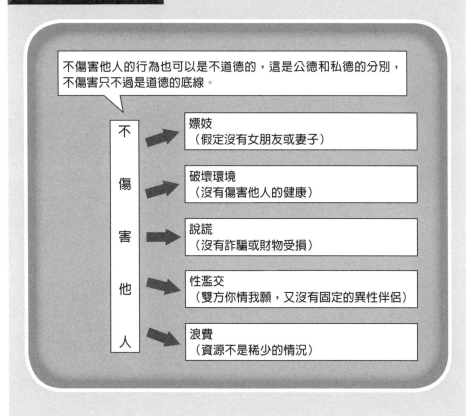

不傷害他人的行為也可以是不道德的，這是公德和私德的分別，不傷害只不過是道德的底線。

不傷害他人

→ 嫖妓
（假定沒有女朋友或妻子）

→ 破壞環境
（沒有傷害他人的健康）

→ 說謊
（沒有詐騙或財物受損）

→ 性濫交
（雙方你情我願，又沒有固定的異性伴侶）

→ 浪費
（資源不是稀少的情況）

第 **4** 章
道德與其他

●●●●●●●●●●●●●●●●●●●●●●●● 章節體系架構 ▼

UNIT 4-1
醫療倫理

圖解倫理學

醫療倫理即是將倫理學應用到醫療的事務上，而第三章所討論的道德問題，如墮胎、安樂死、器官移植、複製人等，都可歸入醫療倫理的範圍。我們可以將道德理論分為四大類，即後果論、義務論、權利論、德性論；換言之，我們也可從後果、義務、權利和品德的角度來討論醫療的問題。但哲學家Tom Beauchamp 和James Childress認為，跟醫療事務直接相關的只有四個大原則，那就是自主性、 公正、 行善、 避免傷害。

第一個原則是自主性。在這裡，自主性的意思跟康德所講的有點差距，比較接近彌爾的自由權利。自主性是指病人的意願，在治療上，醫護人員必須尊重病人的意願，充分知會病人各種醫治的方法，讓病人自行決定，因為沒有人比病人更清楚自己的價值觀、信念和喜好。尊重病人的自主性是現代的產物，過往都是由醫生替病人作決定，因為醫生擁有專業知識，他的判斷是最好的，可稱為「家長主義」；醫生醫治病人，就好像父母照顧子女一樣，有絕對的決定權，甚至可以向病人說謊或隱瞞資訊。當然，到了今天民主自由的現代社會，家長主義是行不通的，遇到有風險的治療時，醫護人員必須向病人講解清楚，並得到病人的同意，簽字確認，否則可能會惹上官司。

第二個原則是公正。病人必須得到公正的對待，這也是不容置疑的，但何謂「公正」？我們都知道，醫療資源是十分有限的，根據什麼標準來分配才算是公正呢？舉例，現在有兩個人都急需肝臟移植，但只有一個合適的肝臟，該

如何作決定呢？是要根據等候次序、年紀、對社會的貢獻，還是其他標準呢？又例如，醫學上的研究經費該如何分配呢？是根據疾病的普遍性作優先考慮嗎？如果有些疾病很少人罹患，但症狀卻很嚴重，對這些病人來說是否不公平呢？有些人認為醫療服務應該基於需要，但亦有人主張應由市場決定，那麼，越有錢的人就會得到越好的服務，這對貧窮人士來說又是否公平呢？

第三個原則是行善。醫療人員要維護病人利益、治癒疾病，或改善病人的狀況，這本來就是醫學的目的。但維護病人的最大利益，也有可能跟病人的自主性有衝突，例如：醫生認為某種治療的方法對病人是最好的，但病人由於特定的信仰或價值觀而拒絕這種治療的方法。維護病人利益並不意味不會對病人造成傷害，因為有時治癒疾病的藥物會有副作用，也許會對病人帶來傷害。

第四個原則是避免傷害。也許有人認為這個原則是多餘的，因為第三個原則也可包含它，但其實這個原則是針對某些特定的情況。如果醫護人員不能改善病人的狀況，亦要避免傷害他們，例如：不要讓病人冒險接受一些不會帶來好處的治療。另外，就是有關研究方面，例如：有時即使病人同意，但是否能用病人來進行研究呢？當然，何謂「傷害」，有時亦有爭議，例如：用幹細胞來研究又是否為傷害呢？

道德理論VS.醫療問題

道德理論	醫療事務
後果論	整體的利益，例如：治癒率
義務論	醫生的義務，例如：拯救病人
權利論	病人的權利，例如：隱私權
德性論	醫生的品德，例如：關懷病人

醫療倫理的四大原則

這四個原則本身並沒有優先次序，當我們碰到醫療上的道德問題，就要從這四方面考慮。它們之間有時會出現衝突，如第三和第四個原則加起來就接近功利原則，其往往跟公正原則有衝突。

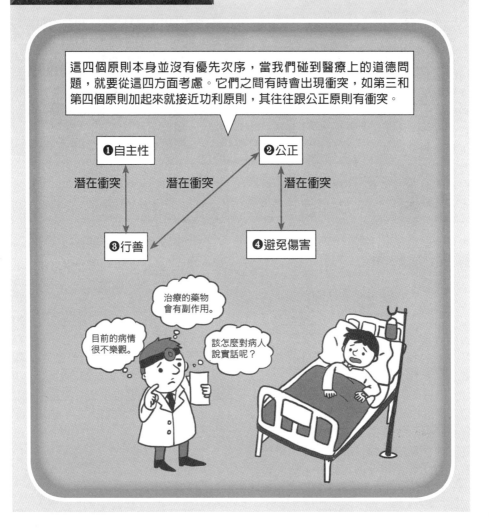

❶自主性　　　　　　　　　❷公正

潛在衝突　　潛在衝突　　　　潛在衝突

❸行善　　　　　　　　❹避免傷害

治療的藥物會有副作用。

目前的病情很不樂觀。

該怎麼對病人說實話呢？

UNIT **4-2**
商業倫理

圖解倫理學

　　不用說，商業機構成立的主要目的是為了盈利，而有規模的商業機構通常是由投資者、管理層和員工三部分所組成。投資者即是股東，是商業機構的擁有人；管理層負責營運；而員工則生產貨物或提供服務。在現代社會中，商業機構就好像人一樣，具有法律的地位，擁有法律上的權利和義務，例如：能夠擁有物業、簽署合約、舉債、交稅、控告或被告。但問題是，商業機構也像人一樣，具有道德地位，有道德上的責任嗎？

　　著名的經濟學家傅利曼認為，商業機構是股東所擁有的私人產業，所以，商業機構唯一的責任就是謀取股東的最大利益。換言之，商業機構對社會並沒有責任，只要不違反法律就可以，我們可以稱這種理論為「股東模式」。如果要商業機構解決社會問題，如貧窮、汙染、歧視等，那就會增加經營的成本，在一個競爭激烈的商業社會，這只會令自己處於不利的位置。的確，盈利才是商業機構的主要目的，若虧本的話，公司就會倒閉。

　　反對股東模式的人認為，除了股東之外，商業機構對其他持份者，如員工、顧客、供應商、社區和環境也有一定的責任，所以公司的管理層要平衡各方面的利益，這可稱為「持份者模式」。具體來說包含哪些責任呢？例如，商業機構應該盡力避免傷害自然環境、提供安全的工作環境及公平的進升機會給員工、確認並維護顧客的權利等。但問題是，為什麼商業機構對社會有責任呢？主要的理由有兩個：第一，社會責任對商業機構、持份者和社會整體都有利。如果商業機構負起社會責任，它就會有好的名聲和形象，可以吸引顧客，員工亦會樂意在這裡工作，供應商也較願意跟它合作，這樣商業機構便能獲取長遠的利益。第二，社會容許商業機構經營，為它提供人力資源和穩定的環境，所以商業機構對社會也有一定的責任，就好像有一隱含的契約存在於社會和商業機構之間。

　　然而，亦有人反對商業機構具有社會責任，理由主要有三個：第一，如傅利曼這樣的經濟學者所說，自由市場本身有其運作的規律，當大家各自追求利益的時候，就會形成秩序，稱之為「無形之手」，要商業機構負上社會責任就會妨礙市場的運作，扭曲了商業的經濟功能，危害自由市場的穩定。第二，由商業機構引致的社會問題，如汙染，應該由政府立法監管，不能依賴商業機構自律。第三，商業機構的管理層只是經濟方面的人才，缺乏道德和社會的專業知識，難以作非經濟的決定。

　　雖然有非政府的壓力團體擔當監察商業機構的角色，但要商業機構自律似乎是不切實際，商業機構很多時候做的只是表面工夫，令人以為它們已經履行了社會責任。所以，在有可能造成傷害的事故，如工業意外、汙染環境、製造有害的食品或產品等，政府必須立法監管。例如，2010年，英國石油公司在墨西哥灣的鑽油臺發生了工業意外，不但造成人命傷亡和財物損失，更嚴重汙染環境。

企業有社會責任嗎？

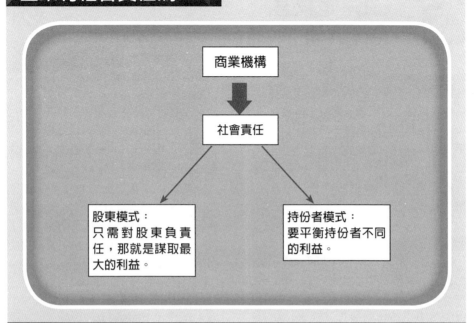

持份者模式

UNIT 4-3
傳媒倫理

　　現代社會中，傳媒對我們的影響是無庸置疑的；否則，政治人物就不會那麼重視在媒體上的形象，選舉的時候也不會花那麼多錢打媒體戰，商業機構亦用不著賣廣告來推銷產品。除了書本、報紙、雜誌、電視、收音機等舊式媒體外，近年還有網際網路，這其實是一場資訊革命，我們尚在這個革命的開端，相信將來會為我們的生活帶來巨大的轉變。

　　傳媒有什麼職責呢？有人說傳媒的工作是報導事實、提供資訊、讓我們了解社會和世界的事務、產生監察政府和社會的作用。而作為傳媒工作者，也有其專業的操守，如報導真相、公平、獨立、尊重他人的權利、保護資料來源、用正當的手法獲取資訊等。傳媒也可以提供娛樂，為市場服務，資訊市場化的結果可能是被商業機構所壟斷，而為了謀取最大的利潤，資訊內容也會變得庸俗化，例如：有大量的暴力和色情成分，對青少年和兒童產生不良的影響。另一方面，亦有人擔心傳媒會被政權利用，變成政治宣傳的工具，用以操控群眾。雖然傳媒對我們有影響力，但說操控未免言過其實。傳媒對我們的影響不是決定性，只是輔助性，還有其他因素；傳媒的影響也不是即時性，而是潛移默化，但若長時期接觸單一的資訊，就有被「洗腦」的危險。

　　有人認為傳媒代表了言論自由，而言論自由的寶貴之處，十九世紀的英國哲學家彌爾已經說得很清楚，他認為人在認知上有其限制，誰都會出錯，如果統一思想的話，很有可能造成大家一起犯錯，對社會帶來很大的傷害。禁止或控制言論會產生很大的惡果，如果言論是正確的，那我們就會失去更正和進步的機會。基督教就曾對正確思想的人進行迫害，哥白尼和伽利略都是受害者。即使言論是錯誤的，也不要禁止，因為通過批評，真理才得以彰顯。

　　雖然自由很重要，但自由並不能毫無限制，彌爾也提出了限制自由的原則，那就是「不傷害原則」這一篇的主題。言論自由是自由的一種，當然也受到不傷害原則的限制，但亦有人反對立法限制言論自由，因為可以通過理性討論，批評錯誤或有傷害性的言論。不過，我們今日的傳媒狀況跟彌爾的年代已有很大的分別，很多傳媒的報導都不是價值上中立，有些更有明顯的政治立場，而且「觀眾是理性的」這個假設也有所可疑。有人更擔心政府會借立法來控制言論自由，尤其是不利於政府的言論。

　　傳媒工作者還會講專業操守，但在網際網路普及的年代，每個人都成為了訊息的發放者，而且可以匿名發表，說得動聽一點，是人人都能暢所欲言、說真心話；但壞處卻是到處充斥著假消息和垃圾資訊，有人甚至更肆無忌憚，惡意中傷他人。所以，更重要的是培養讀者的理性思考能力，能夠對傳媒的訊息作出批判性的閱讀。

傳媒、政府和人民

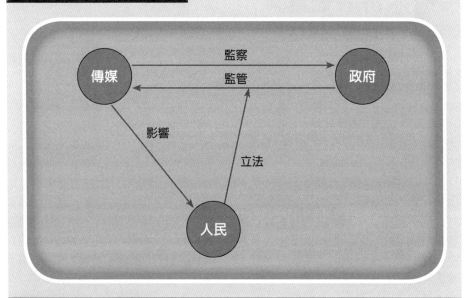

自由VS.隱私

UNIT **4-4**
道德與教育

某個意義下，教育就是將一些確定無疑的東西傳遞給下一代，所以在道德教育上，我們必須反對道德上的虛無主義。虛無主義的問題比相對主義和主觀主義更為嚴重，因為它完全否定道德的價值。

無論中外，傳統教育都重視德性的培養；現代社會也有所謂五育：德、智、體、群、美，其中以道德教育為首。不過，一直以來，道德教育主要是灌輸性的，又多以懲罰為本，只要求學生「聽話」，忽略了道德的情感教育，又缺乏說理的部分。我們從小就被灌輸一大堆道德規則，諸如「不應傷害人」、「遵守承諾」、「不要說謊」、「尊敬師長」、「孝順父母」等等，卻鮮有交待理據，沒有說明為什麼要遵守這些道德規則。這是說教，不是說理。

完整的道德教育必須包含說理的部分，並且容許理性的討論，甚至批評。其中最重要，也是最基本的問題就是：「為什麼我們要合乎道德？」這是道德思考的教育，主要在學習釐清概念及如何推論。另外就是培養道德情感，有助於建立良好的品德，可稱為品德教育，可以借用人物榜樣、藝術和文學來進行。最後，還有意志的純化，這需要較長的時間，也可能是一輩子的事，就連孔子也要到七十歲才能做到「從心所欲，不逾矩」。以上我所講的理性、情感和意志，正好對應著自我結構的三部分：知、情、意。西方文化偏重於「理性」，例如：作為西方哲學始祖的蘇格拉底，認為人犯錯只是出於無知；而中國文化則偏重於「意志」，正如孔子所說：「我欲仁，斯仁至矣」，這突顯出意志的力量。

我認為，即使到了今天的現代社會，古代的道德教育仍有參考的價值。就以亞里斯多德為例，他繼承了蘇格拉底和柏拉圖的傳統，重視用理性探求真理，當理性應用到道德方面，就是培養人的良好品格，這是一種「自我實現」，但不同於現代文化所講的「自我實現」，因為現代文化重視的是人的差異性，發展人的不同潛能。孔子就更不用說了，因為他的教育目標就是要培養君子，即品德優秀之人。孔子和蘇格拉底的教學方式也很有啟發性，孔子擅長因材施教，因應學生的資質和當時的處境，對於同一個問題，往往給出不同的答案，目的就是要啟發學生，令他不斷改善自己；而蘇格拉底則自稱為心靈上的助產士，透過與學生對話，用以揭示對方的無知，並引導學生自己得出結論，由於答案是由自己領悟而來，所以特別深刻。

🗨 小博士解說

我認為，教育有兩樣東西最基本，一個是教會學生思考，另一個是教會學生做人。做人涉及道德教育，但不是傳統那種教條式和服從式的道德教育，而是培養學生明辨是非，做一個獨立自主和負責的人。

做壞事的三個原因

大部分人做壞事的主要原因是意志薄弱，抵不住引誘，或受他人的慫恿。

做壞事的原因	對治方法	自我結構
出於無知	理性思考 ➡	知
欠缺同情心	情感教育 ➡	情
意志薄弱	純化意志 ➡	意

蘇格拉底VS.孔子

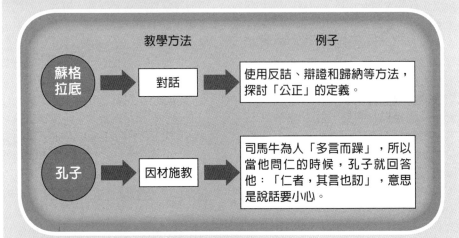

	教學方法	例子
蘇格拉底 ➡	對話 ➡	使用反詰、辯證和歸納等方法，探討「公正」的定義。
孔子 ➡	因材施教 ➡	司馬牛為人「多言而躁」，所以當他問仁的時候，孔子就回答他：「仁者，其言也訒」，意思是說話要小心。

 ★存在主義的德育觀

根據沙特的說法，凡是人自由決定的行為，都是合乎道德的，但他卻不肯定任何基本的道德原則，因此常被批評為道德主觀主義。不過，其觀點對道德教育仍有相干影響，那就是培養學生自決、負責的能力和態度，不盲從權威，能對自己的抉擇作獨立思考。

UNIT **4-5**
道德與宗教

圖解倫理學

某個意義下，道德是指行爲的規範，而宗教也會給出類似的規範，如基督教十誡的後六條：「應孝敬父母；不可殺人；不可姦淫；不可偷盜；不可作假見證和不可貪心」，也是我們認同的道德規範。又如佛教五誡的前四條：「不可殺生；不可偷盜；不可淫邪和不可妄語」，同樣也是道德的規範。兩者的主要差異爲，道德是建基於理性和經驗，可以懷疑和批判；而宗教的基礎是信仰，強調的是服從。當然，宗教不一定違反理性。

不過，有些宗教認爲道德規範其實是來自上帝或神靈，做一個好人即是遵守教義；有些人甚至認爲，只有宗教才能賦予人生的意義。無論是基督教所講的天堂或永生，還是佛教所講的輪迴果報，都涉及死亡之後的來世，但這些都是目前我們無法確定的事。假使有死後的生命，擁有德性也是非常重要的，因爲我們相信只有好人才有資格上天堂、才會得到好報。否則，宗教就不能給予終極公平的保證，不能給予這樣的保證，就不能給予人現世的安慰，也不能賦予人生的意義。其實，很多人都不自覺地假設了「道德必須依賴宗教」，例如：社會上碰到諸如墮胎和安樂死的爭議時，除了詢問醫生和律師的專業知識之外，也必定會請教宗教人士，彷彿他們就是道德的代言人。

不過，宗教人士通常對具體的道德議題採取保守的立場，如反對墮胎、安樂死和同性戀，但其實這些議題在傳統社會反而較爲開明。以墮胎爲例，現代基督教認爲在受孕的那一刻，胎兒就擁有靈魂，是一個完整的人，所以墮胎即是殺人，是不道德的；但在中古時並非如此，十三世紀的著名神學家阿奎那認爲，胎兒要成爲人形之後才擁有靈魂，時間大概是懷孕之後的第九周，換言之，在此之前墮胎並非殺人，是道德上容許的。

基督教有一種目的論的宇宙觀，即每一件事都是上帝的安排，有它的目的和意義，即使困境，也是一種考驗，對我們的靈性進步有幫助。當然，目的論宇宙觀不一定要預設上帝存在，但有上帝存在的版本，上帝就是最終的目的，祂賦予一切的意義和價值，包括道德價值。道德律正是上帝所頒布的命令，我們要無條件服從；而且上帝會一直監察我們，違反道德將受到上帝的懲罰。從這個角度來看，如果上帝不存在的話，什麼都將被允許，道德根本沒有意義，所以道德必須由上帝來保證。

但問題是，是否舉凡上帝的命令都是道德呢？我想起上帝命令亞伯拉罕殺子的故事，殺無辜的人本來就不道德，更何況是自己的兒子，上帝這個命令明顯違反我們的道德常識。將道德上的對錯定義爲神的命令，可稱爲「神諭論」，蘇格拉底早就在〈尤西弗羅篇〉便對神諭論提出質疑，他的問題是：「一個行爲之所以是對的，是由於神命令我們執行它，還是由於它本身是對的，神才命令我們執行它呢？」

道德依賴上帝

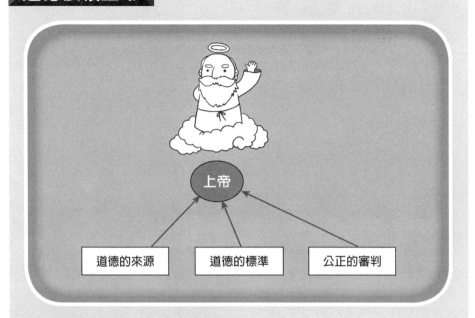

上帝

道德的來源　　道德的標準　　公正的審判

基督教神諭論的問題

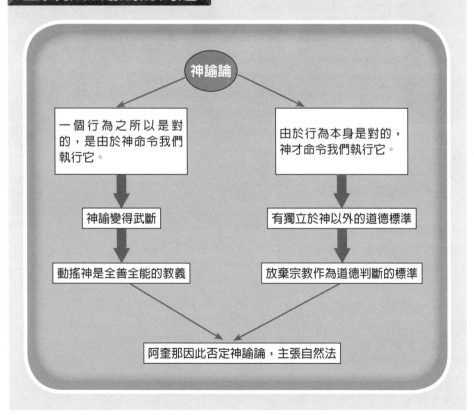

神諭論

一個行為之所以是對的，是由於神命令我們執行它。

由於行為本身是對的，神才命令我們執行它。

神諭變得武斷

有獨立於神以外的道德標準

動搖神是全善全能的教義

放棄宗教作為道德判斷的標準

阿奎那因此否定神諭論，主張自然法

UNIT 4-6
道德與法律

圖解倫理學

有人認爲,合法的事就可以做,不應阻止。但「合法」是什麼意思呢?如果不違反法律就是合法的話,很明顯,合法的事不一定合乎道德,例如:說謊、通姦。我認爲道德和法律的適當關係是法律奠基於道德,第一,法律不應違反道德,例如:南非以前的種族隔離政策是歧視黑人,違反平等原則,應該廢除。某個意義下,公民抗命也是這個原則的實踐,因爲那是爲了實現更高的道德價值,而採用非暴力的手法來違反相關的法律;不過,亦有唱反調的哲學家,蘇格拉底就認爲,即使是惡法,我們也有義務遵守。第二,某些嚴重的不道德行爲需要用法律禁止,主要是傷害人身安全或導致財物的損失,例如:謀殺、傷人、強姦、詐騙、偷竊、綁票等。正如前面所說,法律沒有禁止的行爲也不一定合乎道德;而有些法律禁止的行爲也跟道德無關,如香港的法律規定外出要隨身攜帶身分證,但並不表示沒有這樣做就是不道德。

道德和法律各有其約制行爲的方法,法律是用懲罰的方法阻止人犯罪,而道德則是依靠個人良知和社會輿論使人遵守規範。約制的方法可以分爲兩類,一類是外在的制約,另一類是內在的制約。法律是外在的制約,講閒話和面子也是,這兩者構成了道德部分的約束力,所謂「人言可畏」;但道德的主要約束力還是我們的良知,這是內在的制約。一般來說,在阻止惡行方面,法律比道德有效。但在現代化的都市社會,外在制約需要監察,成本其實很高,最節省的當然是自己制約自己,亦即是內在制約。記得二十多年前初到歐洲,發現了一個現象,那些治安比

較好的國家或地方,很少會在街上碰到警察,而那些治安比較差的地方剛好相反。由此可見,在治安比較好的地方,人民是自願遵守規範,那就可節省不少警力。當然,道德內化比起單單習慣遵守規範又更有穩定性,因爲如果只是習慣的話,環境變了,習慣可能也會改變。我們常常聽到有些人在鄉村成長,十分純樸,但一到城市生活之後就變壞,便是這個原因。道德內化就可靠得多,因爲它已成爲個人的品德。當然,習慣和內化兩者並不衝突,甚至道德內化之所以成功,培養良好習慣往往是先決的條件。

我認爲,道德比法律更有積極的意義,法律的作用是阻止惡,而道德則是提升善。正如孔子所講:「道之以政,齊之以刑,民免而無恥;道之以德,齊之以禮,有恥且格。」用刑罰可以阻止人犯罪,但不能令他有羞愧之心,只有道德教化才可培養他的品德。即使在阻止惡行方面,道德也比法律積極,因爲道德是預防性的。我們可以想像一個有道德、沒有法律的地方,人民仍然可以安樂地生活;但一個沒有道德、只有法律的地方,肯定十分恐怖。

道德VS.法律

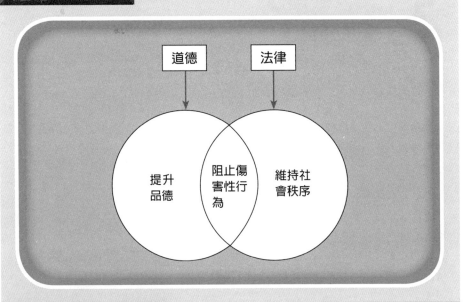

約束行為的機制

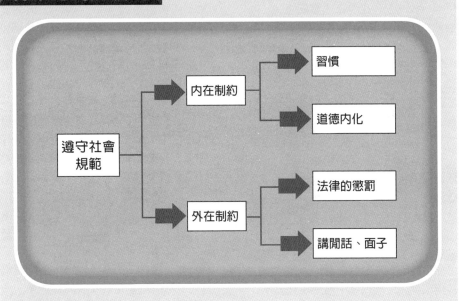

★法律判決的依據

雖然說法律是奠基於道德，但這並不表示法律的裁決最終要訴諸道德。假設我們是以功利原則來建立法例，那麼一旦建立了法例，我們便是用法例來判決案件，而不是根據功利原則。

UNIT **4-7**
道德與科學

圖解倫理學

在「事實與價值」這一篇，我們已討論過事實和價值的分別，而道德跟科學的分別也差不多，道德涉及價值，科學則涉及事實。不過，這並不表示道德和科學沒有關係，舉例而言，如果我們同意功利主義，道德是帶來最大多數人的最大快樂的話，那麼，自然科學的進步就可增進我們的幸福。又例如，如果道德是實現美好人生的話，心理學的知識也可幫助我們達到這個目標。

可是，有不少人對科學抱有戒心，尤其是自然科學，他們擔心會出現「瘋狂科學家」之類的人，從事為人類帶來災難的科學實驗。科技則是科學的應用，科技的進步也帶來了諸如墮胎、安樂死、人工生殖等道德上的爭論。的確，如果沒有科技，就不會產生這些道德問題，所以有人認為，科技危害道德，將道德和科學推向對立。

在「命定和自由」這一篇，我們也討論過另一個意思之下的道德和科學的對立，那就是道德預設了人有自由意志，而科學則預設了因果律，我們的行為也受因果律的支配。我以為自己可以做決定，不過是錯覺，那麼，殺人犯便是不得不殺人，因為他根本沒有選擇的自由，所以不須為行為負責任，道德也沒有意義。康德的解決方法，就是將科學和道德歸入不同的範疇，科學研究的是現象世界，而道德則屬於本體界。

也許科學帶來物質文明的進步，會容易滋生享樂主義，產生世俗化的危機。這可能是不利於德性的培養，但不可以說科學危害道德，我們反而要尋求新的道德，一個能適用於科學年代，甚至是太空年代的道德觀。

有人認為，宗教違反理性，如果道德是有意義的話，就不可以奠基於宗教，要由科學來解釋。例如，以《自私的基因》聞名的道金斯，主張用進化論來說明道德的出現，他認為，能「適應環境」的基因才會被「選擇」保留下來，由於人類已進化到有社會生活，所以我們有著社會生活的基因。基因會影響我們的行為，如合作、不傷害他人、誠實、助人等，也可以說，是「自私」的基因成全了無私的行為。

像道金斯這些人將科學視同理性，認為沒有科學根據的東西就不要相信，否則就是迷信，於是無神論便代表理性，而相信宗教則是非理性。但我認為，這種想法是錯誤的。首先，我們可以有理據地相信某個宗教。有理據地相信並不表示一定要先證明神的存在，若能證明神存在，那就叫做「知道」，而不是「信仰」。其實跟宗教對立的並不是科學，而是唯物論；科學是我們獲取知識的可靠方法，唯物論則是一種哲學立場，科學毋須預設唯物論的立場。雖然主流科學家多認同唯物論，但亦有不少科學家試圖研究靈性的現象。例如，十九世紀末就有一位科學家叫做威廉‧克魯克斯，他借助靈媒的力量，召喚了一名叫凱蒂‧金格的靈魂，並使之物質化，還拍了照片。跟達爾文同時代的還有另一位主張進化論的科學家，名叫華萊士，他也研究靈性現象，而他所主張的進化論則包含了靈性的進化。

道德VS.科學

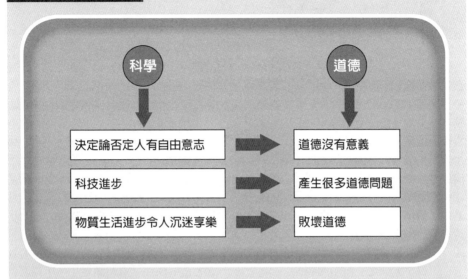

道德的來源

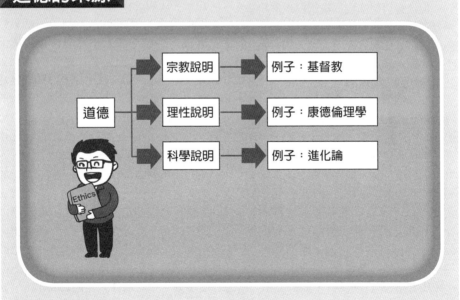

知識補充站 ★科學研究的倫理規範

科學研究雖然要在價值上保持中立，但並不表示其不需要受到倫理規範的約制。例如，在沒有得到當事人同意的情形之下，便不可以用他來做實驗；而那些會使人受傷害或致命的實驗，更是應該禁止。至今，科學研究的成果有可能挑戰我們的道德觀，是否該禁止或加以限制呢？例如，複製人和基因改造的議題，的確存在很大的爭議。

UNIT **4-8**
道德與經濟

圖解倫理學

　　一提到道德與經濟的關係，我馬上想起新教倫理和資本主義的關係。根據社會學家韋伯的研究，基督新教的倫理如勤勞、節儉、榮耀上帝等，使資本得以累積，促成了資本主義的興起。有研究也指出，儒家倫理促使亞洲四小龍的經濟起飛。不過，研究經濟的學者通常否定道德是經濟研究的範圍，因為道德是價值，價值不可量度。舉例，「最低工資會否令失業率上升？」是一事實問題，屬經濟研究的範圍，但「應否推行最低工資？」則是一價值問題。

　　在社會科學裡面，經濟是最「科學」的，但社會科學卻難以找到跟自然科學相提並論的普遍定律。自然現象是獨立於人的意志，但社會現象和人的行為卻不是，因為預測本身也會影響預測，在社會科學裡就有所謂自證式預測和自殺式預測。例如，一位著名的經濟學家預測股市將會大跌，於是大家都紛紛拋售股票，令股市大跌，印證了預測。而研究本身也會影響結果，經濟理論就會影響人的經濟行為。經濟學假定人是自利和理性的，會追求利益最大化，這個假定不過是受了資本主義私有產權的影響，如果是另一種經濟制度，如中世紀的莊園制，教會和領主雖然擁有土地，但不可以自由買賣，人的自利性就不會那麼高。

　　私有產權理論源自洛克，這是著名的「勞動引致產權理論」，例如：一塊本來不屬於任何人的土地，如果有人在上面開墾耕種，令土地增值，由於勞力是屬他自己，他就有權擁有這塊土地。不過，洛克指出，占有不屬於任何人的東西是有附帶的條件，那就是「留下足夠和一樣好的東西給其他人」。諾齊克的

批判是，人有權擁有勞力的成果，但為什麼不是這塊土地種植出來的東西，而是這塊土地本身呢？又或者我們只可以有土地的使用權，而不是土地的擁有權，死後就要將土地交出來，不可以轉讓或留給下一代。但諾齊克還是接受了洛克的產權論，只是將洛克所講的占有條件略作修改。洛克的占有條件是「留下足夠和一樣好的東西給其他人」，對當時人口相對稀少的地方來說，還沒有什麼問題；但在今天的社會，這個條件就很難滿足了，所以諾齊克將它修改為「不會令其他人的處境更差」。比如說資本家占有了土地，在上面蓋工廠，僱用工人，創造了就業的機會，雖然其他人不可以使用這塊土地，但在工廠工作會比原來的狀況更好。不過馬克思一定不同意，因為他認定資本主義是剝削的制度，而且工廠的工作會導致人性疏離。

　　資本主義社會正是建立在私有產權上，我們看到的是極大的貧富差距，如果政府不對產權作出限制的話，這個差距只會越來越大。經濟的巨大不平等會影響社會的穩定性，而且擁有經濟權力的人很有可能影響政治決定，謀取更大的利益。雖然我們不一定要像馬克思般將整個資本主義制度看成是不道德，但至少要正視貧富極大差距的問題。

勞動引致產權理論

勞力（屬於個人）＋ 土地（不屬於任何人）＝ 有權擁有土地

限制條件 ↑

洛克 ➡ 留下足夠和一樣好的東西給其他人

諾齊克 ➡ 占有不會使其他人的處境更差

自由經濟的辯解

馬克思	海耶克
資本主義會被內在矛盾所摧毀，競爭是汰弱留強，最後會剩下幾間龐大的公司，壟斷市場，謀取暴利。所以唯一的解決方法是由中央作出干預。	大規模公司的行政費用高，雖然大量生產有優勢，但不能靈活面對市場的變化，不及小規模的公司，尤其是小眾喜好的產品。
在自由經濟中，競爭促使各類產品的生產，造成生產過剩，浪費資源。計劃經濟只需生產少量標準化的產品就夠了，可以提供效率，減少浪費及廣告宣傳等不必要的開支。	競爭會帶來進步，可以不斷改善產品的質素，多樣化的產品更可滿足消費者的不同需求。

 知識補充站 ★馬克思與資本主義

馬克思認為資本主義本身有其內在矛盾，最終會導致自身的崩潰。比如說每十年就出現一次經濟蕭條、生產過剩、勞工失業、消費力下降；資本家為了利潤，不斷剝削工人，而資本家之間也不斷競爭，最後資本集中在少數人身上，造成貧富兩極化。工人形成階級意識，最終會引發革命，無產階級推翻資產階級，進入社會主義社會。馬克思預測在高度發展的資本主義國家，如英國，將會爆發革命，可是，真正爆發革命的卻是還未進入資本主義的落後國家，如俄國。這是因為工人的待遇改善了，又有大量中產階級出現，馬克思所預言的階級兩極化並未發生。

UNIT **4-9**
道德與藝術

圖解倫理學

道德和藝術都是價值，也涉及情感，兩者的關係一直是哲學家關心的課題。柏拉圖認為，藝術會擾亂情感，像傷感、性慾、憤怒、憎恨等這些不當的情感，會帶來不良的影響，必須禁制，包括了荷馬的著作《史詩》；若藝術家不接受審查的話，就要被逐出理想國。柏拉圖對藝術的看法，可稱為道德主義，簡言之，藝術要為道德服務。在今天標榜自由的現代社會來看，柏拉圖的思想未免過分保守，但不可以否認藝術對道德有一定的影響。十九世紀的俄國哲學家托爾斯泰雖然沒有像柏拉圖主張對藝術進行審查，但他也認為藝術是用來提升道德，好的作品要傳達出四海一家，使人精神聯繫在一起的情感，例如：憐憫、寧靜、愉快等，但依據他的標準，很多偉大的作品，如貝多芬的《第九交響曲》、但丁的《神曲》、歌德的《浮士德》，甚至是他本人的《戰爭與和平》，都變成了不好的作品。

如果說道德主義太過極端的話，另一個極端正是唯美主義。對唯美主義來說，作品無所謂道德或不道德，只有美或不美、好或不好，作品的道德性質或道德影響，跟藝術是不相干的，藝術品旨在提供審美經驗，形式和表現的手法才是重要。審美經驗使人獲得即時的滿足，使人充滿活力；缺點是忽略作品的內容，也容易令人輕視人生的義務和責任。事實上，一個嚴重違反我們道德意識的藝術品是會破壞審美經驗的，例如：一部標榜濫殺無辜和強姦的小說。而一部揭露人生問題、意義或存在感受的作品，也會增加它的藝術價值，例如：存在主義的小說。我認為藝術的一個重要功能，就是幫助我們了解人生的真相，改善人生，而這就不得不涉及作品的內容及其道德性質。

很多藝術品都具有道德性質，例如：有特定道德立場，或者具體的道德主張；但若說到作品的道德影響，則可能因人而異，因為它涉及觀眾如何接收作品的資訊。對於一個色情狂來說，一幅沒有色情成分的裸體畫，便可能足以引發他的性慾。即使具有色情成分的作品，只要有適當的藝術教育，就可令觀眾有正確的欣賞態度，減低不良的影響。若因色情成分就查禁這類作品，對藝術是一種損害，例如，我們今天奉為經典的《西廂記》和《金瓶梅》，都曾是禁書。

贊成道德審度的人大都認為作品的色情和暴力，會引致犯罪的問題，但兩者的關係其實是有待驗證的；我們固然可以說有人因經常閱讀色情物品而犯了妨害風化罪，但我們亦可以說有人因閱讀色情物品使性慾得到宣洩。當然，我們應該限制未成年的人接觸這類作品，不過區分藝術和純粹賣弄色情與暴力的作品也很重要，所以審查委員會應有藝術方面的專家。對於成年人，查禁是不必要的，因為這是犧牲了表達的自由，成年人有能力分辨出真實和藝術，抵抗不良影響。亦有人擔心道德審查有可能被濫用，變成了政治審查，所謂「精神汙染」，往往就是由道德延伸到政治審查的藉口。

道德VS.藝術

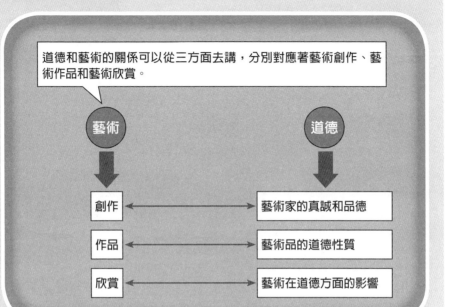

道德和藝術的關係可以從三方面去講，分別對應著藝術創作、藝術作品和藝術欣賞。

藝術　　　　　　　　道德

創作	⟷	藝術家的真誠和品德
作品	⟷	藝術品的道德性質
欣賞	⟷	藝術在道德方面的影響

道德主義VS.唯美主義

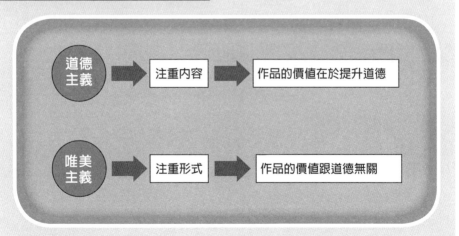

道德主義　→　注重內容　→　作品的價值在於提升道德

唯美主義　→　注重形式　→　作品的價值跟道德無關

知識補充站　★古希臘的裸體雕像

女性的裸體會引起性慾，古代文化多視之為禁忌，但古希臘文化則將它轉化為身體美，創造出裸體雕像藝術，引領精神的上升。正如柏拉圖所說，愛美使我們的精神上升，由身體美上升到美的理型。

結語：美好人生

相信每個人都想擁有美好的人生，但每個人的美好人生可能又不盡相同，究竟有沒有客觀意義的美好人生呢？美好的人生跟道德又有什麼關係呢？一般人認為擁有財富、健康、家庭、事業和名譽就是美好的人生，但這些只是美好人生的外在條件，更重要的是內在條件，那就是德性。傳統哲學大都認為，人生意義不在於外在的條件，而在於德性。柏拉圖就認為道德能使人幸福，也必然獲得德性所帶來的快樂。當然，這種快樂不同於物質所帶來的快樂，姑且稱之為精神性的快樂。德性能帶來人心靈上的持久寧靜，這種滿足感就是幸福。

為什麼德性能帶來這種快樂呢？這是因為德性能提升自我，幫助我們超越自我的現實限制。例如，現實上人們大多只顧自己的利益，但如果能擴展到其他人，推己及人，就會有一種超越性的快樂。又例如，現實上我們常常會因欲望得不到滿足而產生痛苦，若有節制和知足的修養，也可減少這方面的痛苦。

道德的基礎在於人的同情心，用儒家的講法，也就是惻隱之心。但由惻隱之心到成功發展品德，必須經過努力及克服不少困難，因為人同時具有強烈的利己之心，渴望追求個人的利益。做好人之所以困難，就是要在良心和利益之間搏鬥。人雖然有同情心，但追求個人利益的欲望卻更有力量。要做一個道德上的傑出人士，似乎先要培養出節制的品德。

我認為美好人生還有一個向度，就是有終極目的來統領整個人生。

在現代社會，由於重視人的自由權利，加上個人主義的影響，大家傾向認為人生目的沒有客觀答案，而是每個人根據自己的喜好、性格、能力等因素作出選擇。但不是客觀並不表示任何答案都合理，或者只是主觀任意的選擇。例如，追求金錢就不可能是人生目的，因為金錢只有工具價值，而人生目的必須具有內在價值，因為它有終極性。當然，不是每個人都可以達成自己的人生目的，但並不表示這樣的人生就毫無意義，因為人生意義也可以有程度之分，追求人生目的的過程也構成部分人生的意義。

我認為人生目的或美好人生是多元的，在德性上有卓越成就，當然是美好的人生，但在某些專業或職業上取得過人成就，也可以是美好的人生。道德和後者也有密切的關係，因為要在專業或職業上追求卓越，亦需要擁有相干德性，例如：勤奮、刻苦、忍耐、勇敢等等。在某個意義下，美好人生就像藝術品，塑造美好人生跟藝術創作相似，德性就是技巧，是創造美好人生的必要工具。

國家圖書館出版品預行編目資料

圖解倫理學／梁光耀著. －－初版.－－臺北
市：五南，2017.11
　　面；　公分
ISBN 978-957-11-9390-8（平裝）
1.倫理學
190　　　　　　　　106015336

1BBE

圖解倫理學

作　　者－梁光耀

繪　　者－廖育萱

發 行 人－楊榮川

總 經 理－楊士清

主　　編－陳姿穎

責任編輯－許馨尹

封面設計－姚孝慈

出 版 者－五南圖書出版股份有限公司

地　　址：106台北市大安區和平東路二段339號4樓

電　　話：(02)2705-5066　　傳　　真：(02)2706-6100

網　　址：http://www.wunan.com.tw

電子郵件：wunan@wunan.com.tw

劃撥帳號：01068953

戶　　名：五南圖書出版股份有限公司

法律顧問　林勝安律師事務所　林勝安律師

出版日期　2017年11月初版一刷

定　　價　新臺幣250元